Die große Faszination, die vom »Garten der Lüste« des Hieronymus Bosch (Madrid, Museo del Prado) ausgeht, hat eine Fülle widersprüchlicher Interpretationen hervorgerufen. Bald sah man darin ein esoterisches oder gar häretisches, durch die Alchemie und andere Geheimlehren inspiriertes Werk, bald eine strenggläubige Verdammung irdischer Vergnügungen, insbesondere der Sexualität.
Seit gut drei Jahrzehnten wissen wir, daß das große Triptychon den Brüsseler Stadtpalast Heinrichs von Nassau schmückte, eines prunkliebenden, lebenslustigen Herzogs, der mit großer Wahrscheinlichkeit auch der Auftraggeber der Tafeln war. Entgegen der Erwartung einer gemalten Satire auf Religion und Moral des Mittelalters führt Jean Wirth aus, warum der »Garten der Lüste« als ein vollkommen orthodoxes, dabei jedoch keineswegs puritanisches Werk anzusehen ist.
In seiner thematischen Abfolge zeigt das Triptychon auf seinen vier Tableaus zunächst die Erschaffung der Welt (außen), dann Gottes Geheiß an das erste Menschenpaar, sich zu vermehren (linker Innenflügel), darauf jene paradiesischen Freuden des Fleisches, die einer Menschheit ohne Sündenfall zugefallen wären (Mitteltafel), und schließlich die Hölle, in die wir durch den Ungehorsam statt dessen gefallen sind (rechter Innenflügel). Und so merkwürdig es auch erscheinen mag, die maßgebliche Theologie des Mittelalters, wie sie etwa durch die Kommentare der *Sentenzen* des Petrus Lombardus vertreten wird, steht keineswegs im Widerspruch zum Epikureismus des ausgehenden Mittelalters.

Jean Wirth, geboren 1947 in Colmar, Archivar und Paläograph, Schüler von André Chastel; lehrte in der Schweiz, in den USA und in Frankreich; seit 1988 Professor für mittelalterliche Kunstgeschichte an der Universität Genf. Veröffentlichungen zur Kunst-, Geistes- und Religionsgeschichte des Mittelalters und der Frühen Neuzeit.

Hieronymus Bosch Der Garten der Lüste

Das Paradies als Utopie

Von Jean Wirth

Fischer Taschenbuch Verlag

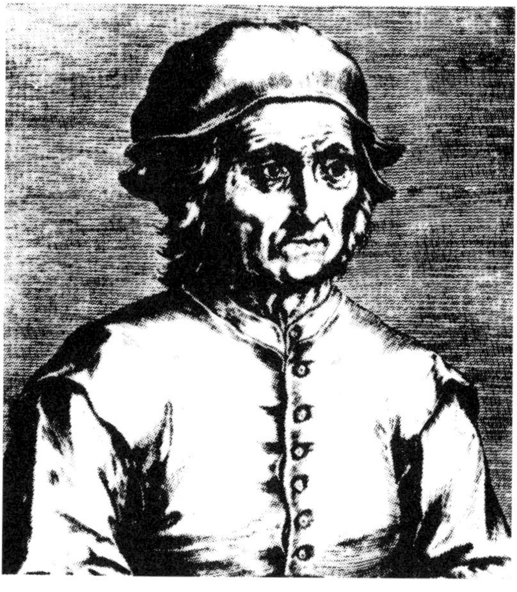

kunststück
Begründet von Klaus Herding
Herausgegeben von Michael Diers

Übersetzt von
Wolfgang Brückle und Jürgen Müller

Umschlagvorderseite und -rückseite: Hieronymus Bosch, Der Garten der Lüste, Madrid, Museo del Prado; Details.
Frontispiz: Vermutliches Bildnis von Bosch, Kupferstich aus: Dominique Lampsonius, Pictorum aliquot celebrium Germaniae inferioris effigies, Antwerpen 1572; Detail.

Graphische Konzeption:
Max Bartholl und Christoph Krämer
Bild- und Textredaktion: Jutta Schütt
Originalausgabe
Veröffentlicht im Fischer Taschenbuch Verlag GmbH
Frankfurt am Main, Juni 2000

Satz: Typosatz Jürgen Ullrich, Nördlingen
Druck und Bindung: G. Lachenmaier, Reutlingen
Printed in Germany
ISBN 3-596-13382-3

Verständnisprobleme

Der sogenannte »Garten der Lüste« zählt ohne Zweifel zu den bekanntesten Werken des niederländischen Malers Hieronymus Bosch (1453?–1516). Das heute im Prado aufbewahrte Triptychon* *(Falttafel)* mißt in der Höhe 2,20 Meter und erstreckt sich über eine Breite von rund 4 Metern. Die enormen Ausmaße, aber auch die in Grisaille* ausgeführten Außenseiten der Flügel mit einer Darstellung der Erschaffung der Welt lassen zunächst an einen Altaraufsatz* denken.

In geöffnetem Zustand erkennt der Betrachter auf dem linken Flügel Gottvater, der Eva dem Adam zuführt, und auf dem rechten eine Darstellung der Hölle. Die Mitteltafel hingegen bleibt auf den ersten Blick völlig verwirrend. Dort scheint sich eine Fülle nackter Gestalten auf vielfältige Weise zu amüsieren. Diese Szenerie läßt sich weder mit einem geläufigen Sujet religiöser Malerei in Zusammenhang bringen, noch scheint ihr erotischer Charakter mit einem Altar oder seiner Aufstellung in einer Kirche vereinbar zu sein.

Selbst wenn man davon ausgeht, daß das Triptychon für einen nichtkirchlichen, profanen Bestimmungsort konzipiert worden ist, so sind damit für den Interpreten noch keineswegs alle Probleme gelöst. Denn auch der Vergleich mit anderen Kunstwerken aus der Zeit Boschs, die einen erotischen Charakter besitzen, hilft nicht weiter. Zur gleichen Zeit, in welcher der »Garten der Lüste« gemalt wurde, schuf Dürer seine Tafeln »Adam« und »Eva« (1507, Madrid, Museo del Prado) und malte Lucas Cranach seine »Venus« (1509–1510), die sich heute in Sankt

* Mit Sternchen versehene Fachausdrücke sind im Anhang erläutert.

Petersburg befindet. Etwas später sind die Akte von Jan Gossaert entstanden. Aber soweit sich erkennen läßt, hat keiner der genannten Künstler je beabsichtigt, mit Aktdarstellungen die Mitteltafel eines Triptychons zu füllen, dessen Aufbau und Gestaltung an einen Altar denken lassen könnten.

Im allgemeinen nutzte die erotische Kunst bis zur Zeit der Reformation kleine Formate. Man denke etwa an das berühmte Bild der »Nackten Frau im Bade« von Jan van Eyck, das heute verschollen ist, an das seltsam anmutende Leipziger Bild eines anonymen Malers, das eine nackte Frau bei einem Liebeszauber darstellt, oder auch an die makabren Akte von Hans Baldung Grien. Aus Flandern sind einige großformatige Akte bekannt, darunter die Figuren Adams und Evas auf den Flügeln des Genter Altars oder die Darstellung Bathsebas von Hans Memling (Stuttgart, Staatsgalerie), die ursprünglich vielleicht für einen Gerichtssaal bestimmt war. Wie auch immer es um die genauen ikonographischen Zusammenhänge des »Gartens der Lüste« bestellt sein mag, für die Interpretation besteht das Problem einer unangemessenen Präsentationsform insofern, als die auf der Mitteltafel dargestellten Themen üblicherweise nicht mit einem Triptychon in Verbindung gebracht werden.

Seit Anfang des 20. Jahrhunderts stellt das Verständnis des »Gartens der Lüste« eine Herausforderung für die kunstgeschichtliche Forschung dar.[1] Dabei stehen zwei Interpretationsansätze im Vordergrund. Die eine Position begreift die Mitteltafel als eine Repräsentation der verdammten Menschheit, als eine Art gemaltes Verzeichnis der Todsünden im Sinne einer Warnung vor den Verlockungen des

Fleisches.[2] Der anderen Auffassung gemäß enthalten die Darstellungen des Triptychons verborgene Botschaften, die sich den Geheimlehren der Alchemie, der Astrologie oder aber einer Sekte verdanken, deren eigentümliche Umgangsformen oder Riten auf dem Bild dargestellt seien.[3]

Außerdem wird die Frage nach dem Gehalt des Werkes in Alternativen wie jener von Rechtgläubigkeit und Häresie diskutiert. Tatsächlich aber spricht wenig für die Anwendbarkeit dieser Begriffe auf eine Zeit, in der die römische Kirche keinerlei Kontrolle über die Inquisition in Spanien besaß und die Inquisition in Deutschland überhaupt nicht und in den Niederlanden, wo man sich allenfalls um lautstarke Gotteslästerer in den Wirtshäusern kümmerte, nur bedingt funktionierte.[4]

Die kontroverse Diskussion dieser beiden Deutungsansätze ist für die Forschung derart bestimmend geworden, daß eine wichtige Entdeckung, die 1967 von Ernst H. Gombrich und Otto Kurz veröffentlicht wurde, nicht die nötige Beachtung gefunden hat: Das Triptychon stammt aus der Brüsseler Residenz Heinrichs III. von Nassau, also aus einem aristokratischen und sehr lebenslustigen Milieu, das von hermetischer Sektiererei ebensoweit entfernt war wie von asketischen Reformidealen.[5]

Die Interpretationen vieler Kunsthistoriker, die sich mit Boschs Gemälde beschäftigt haben, ruhen auf feststehenden Überzeugungen über die religiöse Welt des späten Mittelalters. Dabei besteht der folgenreichste Irrtum darin, auf die Zeit Boschs eine in Wirklichkeit typisch neuzeitliche Verwechslung von Religion und Moral zu übertragen und diese dann als eine Eigenheit des Spätmittelalters auszugeben.[6] Der »Garten

der Lüste« wird dabei zu einer Klage über den heillosen Zustand der Welt.
Das beste Mittel, sich von solchem Schablonendenken über das spätmittelalterliche Christentum freizumachen, besteht ohne Frage darin, sich direkt den Quellen zuzuwenden. So haben die künstlerische Qualität von Boschs Meisterwerk, seine bizarre Gestalt und schließlich seine dauerhafte Aufstellung in Palasträumen, die einer Vielzahl von Besuchern offenstanden, dazu geführt, daß eine Reihe wertvoller historischer Urteile über das Werk überliefert sind. Zwar darf man diesen Urteilen nicht ohne weiteres Glauben schenken, aber ebensowenig sind sie von vornherein als unbedarfte Phantastereien zu verwerfen. Es gilt vielmehr zu ergründen, worin ihre eigentliche Aussagekraft bestehen könnte. Wie im folgenden dargelegt werden soll, sind bei der Untersuchung der Quellen zumindest zwei Dinge festzuhalten. Zum einen ist das Werk im 16. Jahrhundert als ein Gebilde purer Phantasie aufgefaßt worden, zum anderen wurde es der Häresie verdächtigt, in einem ganz anderen Sinn allerdings, als wir ihn heute dem Begriff beilegen würden.

Zwei Besucher im Nassauer Palast zu Brüssel

Die erste Beschreibung des »Gartens der Lüste« findet sich im Reisetagebuch des Kardinals Ludwig von Aragon, das von seinem Sekretär Antonio de Beatis geführt wurde.[7] Bei ihrem Besuch im Brüsseler Palast des Grafen von Nassau am 30. Juli 1517 bewunderten die beiden Reisenden die in »deutscher Art«, also in spätgotischem Stil ausgeführte Architektur (»per lo modo todescho«). Außerdem schätzten sie die kostbare Eichenvertäfelung der Innenräume und ferner – und darauf kommt es hier an – zahlreiche Gemälde, darunter »Herkules und Deianeira« von Jan Gossaert, dessen Aktdarstellung sie über die Maßen beeindruckte (»nudi di bona statura«), sowie ein »Parisurteil«, dessen drei Göttinnen aufs vollkommenste gelungen seien. Schließlich kommen sie mit folgenden Worten auf das Triptychon von Hieronymus Bosch zu sprechen: »Dann sind dort noch verschiedene andere Tafelbilder mit allerlei phantastischen Darstellungen, auf denen Meere, Himmel, Wälder und Fluren und sonst allerlei Dinge dargestellt sind, darunter einige, die aus einer Muschel herauskommen, andere, die Kraniche kacken, Männer und Frauen, weiße und schwarze, in den verschiedensten Tätigkeiten und Stellungen. Vögel und Tiere jeder Art, alles sehr naturgetreu, so gefällige und phantastische Dinge, daß man sie denen, die sie nicht gesehen haben, unmöglich beschreiben kann.«[8]

Im Anschluß an diese kurze Schilderung weisen die Reisenden noch auf Geheimtüren hin, die in den Holzvertäfelungen der Wände verborgen waren und ahnungslosen Besuchern die Möglichkeit nahmen, jemals allein aus diesen Zimmern wieder heraus zu finden. Ferner berichten sie, daß einer der Palasträume ein riesiges Bett enthalte, das 34 Spannen in der Länge und 26 in der Breite messe und sowohl am Kopf- als auch am Fußende Kissen bereitstelle. Man unterrichtete sie, daß der Graf besagtes Bett habe herstellen lassen, um Gäste, die betrunken zu machen ihm ein Vergnügen sei (»havere piachere di vedere inbriachi li convitati«), dort hineinzuwerfen, wenn sie sich nicht mehr aufrecht halten könnten. Schließlich wird in dem Reisetagebuch noch der bemerkenswert große Küchenraum erwähnt.

Gombrichs Identifikation der »Tafelbilder mit allerlei phantastischen Darstellungen« mit dem »Garten der Lüste« wurde durch Otto Kurz unverzüglich bestätigt. Dieser nämlich hatte entdeckt, daß sich das Werk ein halbes Jahrhundert später im Besitz Wilhelms von Oranien befand, des Nachkommen und Erben Heinrichs von Nassau.[9] Kurz schloß daraus, daß die Tafeln zwischen 1504, als Heinrich Statthalter der Niederlande wurde, und 1516, dem Todesjahr von Hieronymus Bosch, entstanden waren. Es lag nahe zu vermuten, daß das Werk bestellt wurde, um der durchweg profanen Ausstattung des neu erbauten Palastes hinzugefügt zu werden. Wie wir gesehen haben, wird im zitierten Reisebericht das Triptychon als eine ansprechende weltliche Kuriosität unter vielen anderen beschrieben, ohne daß ihm ein moralischer oder gar philosophischer Sinn unterlegt würde. Im Gegenteil betont der Text lediglich, daß sich die phantastische Absonderlichkeit jeder sprachlichen Annäherung verweigere. Dabei bezieht sich das Wort »fantastiche« auf den Bereich von Traum und Illusion, ohne daß damit die empirische Wirklichkeit oder gar das Heiter-Vergnügliche ausgeschlossen wäre. Bleibt festzuhalten, daß sich die beiden Kunstkenner aus Italien weder über den erotischen Charakter der im Palast ausgestellten Malereien Boschs ereifern, als sie diese unter anderen Aktdarstellungen zur Kenntnis nehmen, noch daß sie durch das große Bett schockiert sind, dessen Bestimmung sie ohne weiteren Kommentar verzeichnen.

Die Palasträume beherbergten also mindestens drei ungewöhnliche, ja befremdliche Gegenstände: die Geheimtüren in der Vertäfelung, das riesige Bett sowie ein Triptychon in den Ausmaßen und in der Aufmachung eines Altars, dessen Sujet offenbar ganz zur profanen Belustigung seiner Betrachter bestimmt war oder immerhin bereits ein Jahr nach dem Tode Boschs so verstanden werden konnte.
Durch andere Quellen sind wir darüber unterrichtet, daß der Graf von Nassau seine Amtsgeschäfte häufig vernachlässigte und daß er, wie seine Korrespondenz bezeugt, sehr zu geistreichem Witz und Lebenslust neigte.[10] Wenn man um diesen Charakterzug des Besitzers weiß, erscheint es dann nicht fragwürdig, im »Garten der Lüste« eine moralische Kritik weltlicher Genüsse oder das pedantische Credo okkulter Wissenschaft zu vermuten?
Leider hat sich Albrecht Dürer, der den Palast des Grafen von Nassau am 27. August 1520 besuchte, nicht über dieses Werk geäußert. Dem Tagebuch seiner *Niederländischen Reise* ist lediglich zu entnehmen, daß er sich in die Kapelle der Residenz begeben hat, um einen Altar von Hugo van der Goes zu sehen, sodann die beiden großen Säle und die im Palast angehäuften Kostbarkeiten bewunderte, darunter ein riesiges Bett, in dem fünfzig Menschen Platz fänden.[11] Er vermerkt ferner einen Meteoriten, der im Innenhof aufbewahrt wurde, und wirft durch die Fenster des Palastes einen Blick auf die Straßen von Brüssel. Selbst wenn es nicht seine Absicht sein konnte, einen Katalog der Gemälde der gräflichen Sammlung zu erstellen, scheint es doch unwahrscheinlich, daß er den »Garten der Lüste« gesehen hat, ohne darüber ein Wort zu verlieren. Ob ihm das Werk schlicht

mißfiel? Ein Passus aus Dürers Traktat über die Proportionen, der jedoch bereits vor seiner Reise in die Niederlande verfaßt wurde, könnte sich auf Bilder von Bosch beziehen: »Es soll sich ein jeder hüten, daß er nicht mache, was den Gesetzen der Natur widerspreche, es sei denn, er wolle einen phantastischen Traum darstellen. In einem solchen Fall darf er alle Dinge durcheinander mischen.«[12]

Dürer selbst versucht durch systematische Studien der menschlichen Proportionen zu vermeiden, daß die künstlerische Darstellung der Natur widerspreche. Eine Ausnahme läßt er lediglich im Zusammenhang der Darstellung von Träumen zu. Hier dürfe es Synthesen von unzusammenhängenden Dingen und Mischwesen geben, wie sie in der Natur nicht vorkommen. So ist vor dem Hintergrund seiner Kunsttheorie leicht einzusehen, daß ihm das Werk von Hugo van der Goes und das prunkvolle Bett besser gefallen mußten als die vermeintlichen Grillen des Hieronymus Bosch.

Eine frühe ikonographische Lektüre des Triptychons

Im Jahr 1591 wurde nach dem Tod des Priors Don Fernando, dem natürlichen Sohn des Herzogs von Alba, der »Garten der Lüste« durch den spanischen König Philipp II. erworben und nach Spanien gebracht. Augenscheinlich war das Bild zuvor vom Herzog von Alba konfisziert worden, da es, wie oben bereits erwähnt, einst zum Besitz Wilhelms von Oranien gehört hatte.[13]

Dieser Wechsel des Besitzers machte es möglich, daß im Jahre 1605 der Mönch José de Sigüenza für seine *Geschichte des Ordens vom heiligen Hieronymus* auch den »Garten der Lüste« studierte, der inzwischen im Escorial aufbewahrt wurde.[14] José de Sigüenza wurde zum Ahnherrn einer moralisierenden Interpretation der Werke von Bosch. Er widmete ihnen zum ersten Mal eine ausführliche ikonographische Analyse, die – erstaunlich genug – methodisch der modernen Ikonographie* schon recht nahekommt. Bei aller Detailfreude dieses frühen Kunsthistorikers muß jedoch die Ungenauigkeit der Beschreibung auffallen, mit der er das Werk bestimmt.[15] So hat es sich Sigüenza nicht nehmen lassen, in den »Todsünden« eine Darstellung der Sieben Sakramente* und auf dem Fahrzeug des »Heuwagen«-Triptychons nackte Frauen erkennen zu wollen, obwohl er beide Werke aus nächster Nähe kannte.
Der Grund für seine Auseinandersetzung mit dem Gemälde Boschs scheint zunächst sehr nahe zu liegen. Sigüenza meint: »(...) sein großes Genie verdient es, obwohl die Leute im allgemeinen seine Gemälde die ›disparates‹ (Farcen) des H. Bosch nennen, Leute, die wenig aufmerksam betrachten, was sie sehen, und ich glaube, deshalb nennt man ihn zu Unrecht einen Ketzer (...).«
Die Anschuldigung des Ketzertums sei nämlich aus zwei Gründen zurückzuweisen. Zum einen hätte Philipp II., zugleich Gründer des Ordens des heiligen Hieronymus, niemals Werke von Bosch gesammelt, wenn diese Anschuldigungen stichhaltig wären. Zum anderen beschrieben die fraglichen Werke die Sakramente und die heilige Ordnung der Kirche mit einer Genauigkeit, zu der ein Häretiker niemals fähig sei.

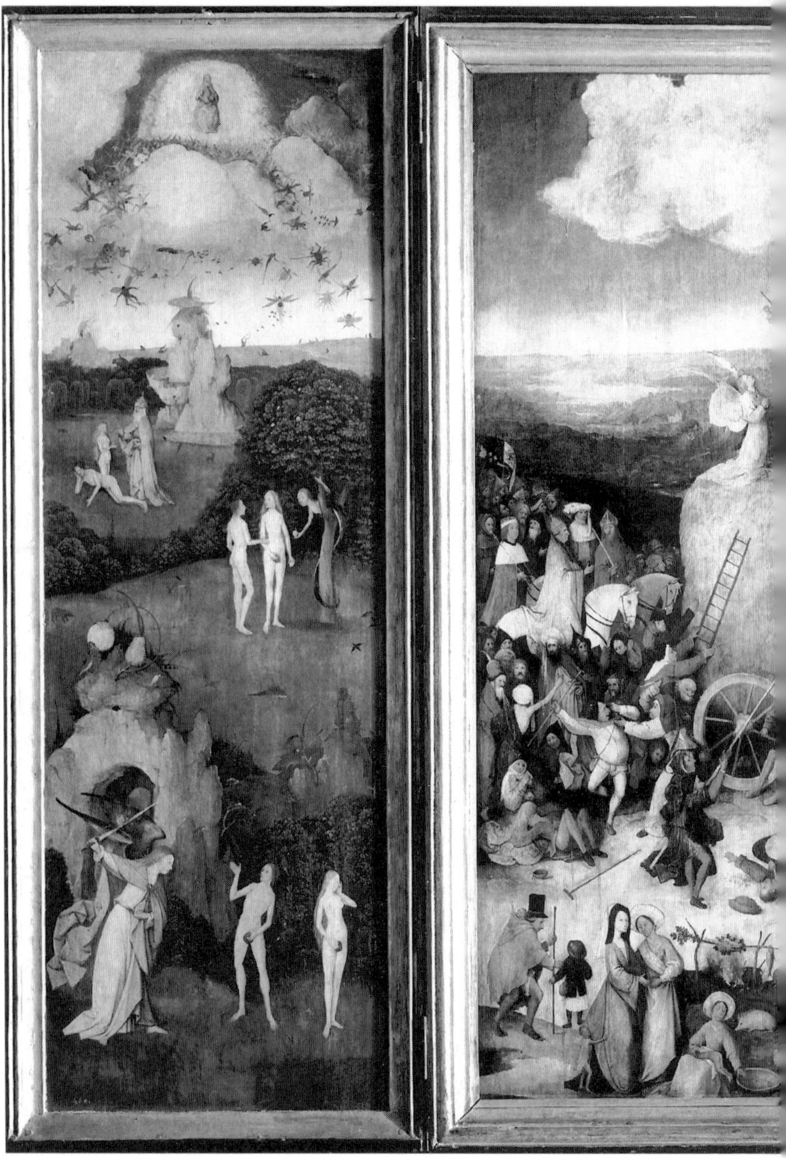

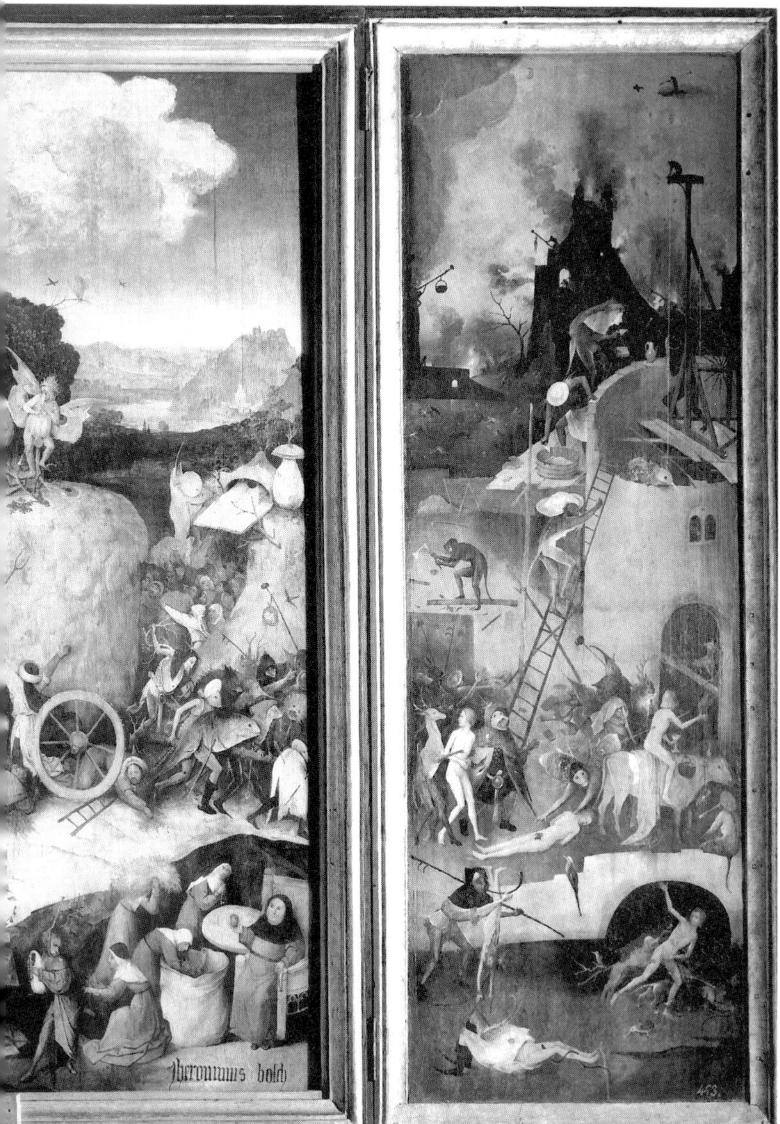

1 Hieronymus Bosch, Der Heuwagen, Triptychon, Öl auf Holz, Mitteltafel 135 x 100 cm, Flügel je 135 x 45 cm, Madrid, Museo del Prado

Was die Abnormitäten dieser Malerei betreffe, so handele es sich nicht um Erfindungen Boschs, sondern um tatsächliche Eigenschaften der gemalten Laster. Im Unterschied zu anderen Künstlern, so belehrt Sigüenza seine Leser, malte Bosch den Menschen nicht nach seiner äußerlichen Erscheinung, sondern so, wie er innerlich beschaffen sei. Man verstehe seinen Stil besser, wenn man ihn mit dem des Dichters Merlin Coccayo (1491–1544) vergleiche, dem Erfinder der »makaronischen Poesie«. Sowohl der Poet Coccayo als auch der Maler Bosch hätten es vorgezogen, lieber zu hervorragenden Künstlern innerhalb eines neuen Genres zu werden, als den ausgetretenen Pfaden zu folgen, auf denen andere schon vor ihnen zur Perfektion gelangt seien. Dabei habe Bosch das neue Genre vermutlich noch vor dem ihm zweifellos unbekannten Merlin Coccayo eingeführt, um sich nicht im Fahrwasser von Dürer, Michelangelo und Raffael bewegen zu müssen. Gemäß Sigüenza lassen sich die Werke von Bosch unter drei Kategorien fassen. Zum einen die frommen Bilder, die ohne monströse Bildelemente auskommen. Sie schildern das Leben und die Passion Christi etwa durch Darstellungen der »Anbetung der Könige« und der »Kreuztragung«. Hierbei arbeite der Maler besonders den Haß des Bösen auf die Weisheit Christi heraus. Zum anderen sei das Thema der »Versuchung des heiligen Antonius« zu nennen, das den Kontrast zwischen dem ungebremsten Toben diabolischer Kräfte und der Gelassenheit des Heiligen betone. Schließlich folgen die »makaronischen Werke«, welche die Eitelkeit der Welt beschreiben. In diese Gruppe gehören das »Heuwagen«-Triptychon *(Abb. 1)* und der »Garten der Lüste«.

Sigüenza unternimmt nun eine zusammenfassende Interpretation der beiden letztgenannten Werke, indem er den »Heuwagen« als Schlüssel für die Entzifferung des »Gartens der Lüste« heranzieht. Vergleichbar seien die Werke schon in ihrem äußeren Aufbau, denn in beiden Fällen sehe man links das irdische Paradies, aus dem der Mensch vertrieben wurde, und rechts die Hölle, in die er sich selber gebracht habe. Die mittlere Tafel des »Heuwagen«-Triptychons stelle offenkundig die Menschheit bei ihrer Suche nach den vergänglichen irdischen Gütern dar. Die irdische Vergänglichkeit, die hier durch das Heu zum Ausdruck gebracht werde, versinnbildlichen im »Garten der Lüste« die Erdbeeren – ihr Aroma verflüchtige sich, sobald man sie verzehrt habe.
Die zahlreichen, auf der Mitteltafel des »Gartens der Lüste« dargestellten Tiere deutet Sigüenza als biblische Metaphern der Laster. Außerdem, so weiß der Mönch zu berichten, beschreibe Bosch die Wanderung der Seelen in einer gelehrten Fabel nach der Art Platons und des Pythagoras. Die dargestellten Metamorphosen der Figuren, so Sigüenza, repräsentieren die unzüchtigen Sitten und den Stand der Schuld, in den sich die Seelen der Verdammten gleichsam kleiden. Die vermeintlich exzentrische Manier Boschs biete also in Wirklichkeit moralische Belehrungen von großem Nutzen und völlig unverdächtiger Orthodoxie.
Was das phantastische Moment dieser Malerei betrifft, so stimmen die Urteile der frühneuzeitlichen Kunstkritiker darin überein, daß es durch die Themen selbst bestimmt sei. Bosch gibt nicht die äußere Erscheinung der Dinge wieder, sondern eine innere, psychologische Wirklichkeit, nämlich die Qualen der Hölle oder Bilder

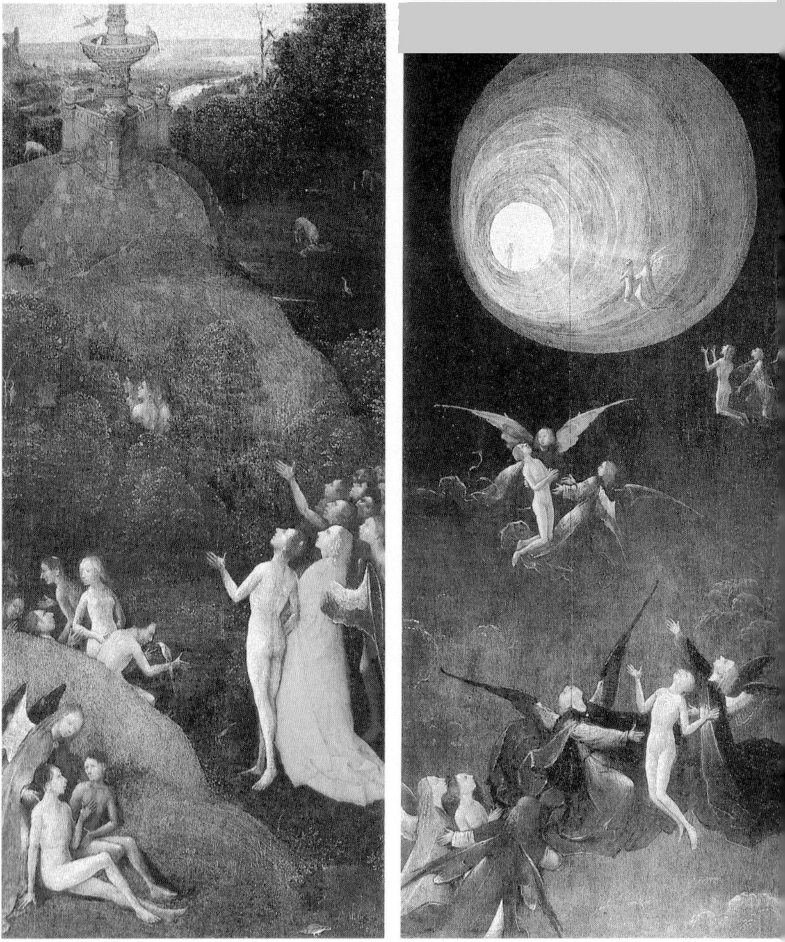

der Phantasie. An letztere denkt Sigüenza mit Sicherheit, wenn er über die Phantasie als Kleidung der Seele spricht.[16] Entsprechend werden in einem alten Verzeichnis Boschs »Hölle« und sein »Paradies« *(Abb. 2)*, die 1521 im Besitz des Kardinals Grimani waren und heute im Dogenpalast von Venedig verwahrt werden, als »Tafel der Hölle« (»tela dell'Inferno«) und »Tafel der

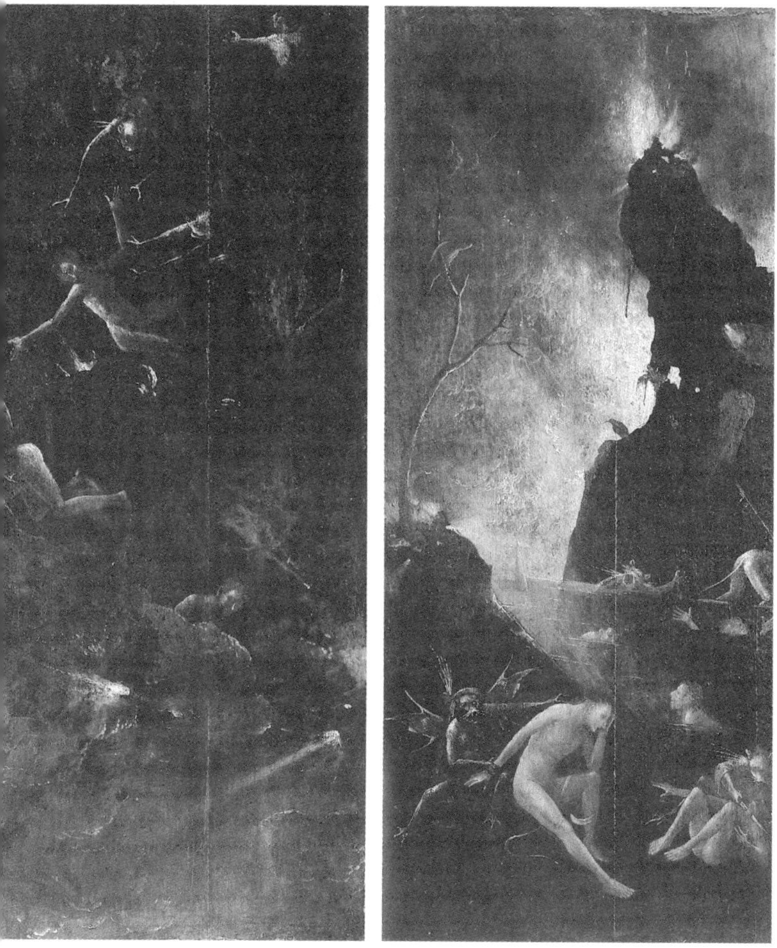

2 **Hieronymus Bosch, Das Paradies – Die Hölle, Öl auf Holz, je 86,5 x 39,5 cm, Venedig, Palazzo Ducale**

Träume« (»tela dei Sogni«) angeführt.[17] So spricht auch der italienische Kunsttheoretiker Giovanni Paolo Lomazzo (1538–1600) in bezug auf die Werke Boschs von »schauerlichen Träumen« (»orridi sogni«).[18] Allerdings muß man sich darüber im klaren sein, daß solche Urteile ein Problem aufwerfen, das Sigüenza nicht beunruhigt zu haben scheint: Hat am Ende der

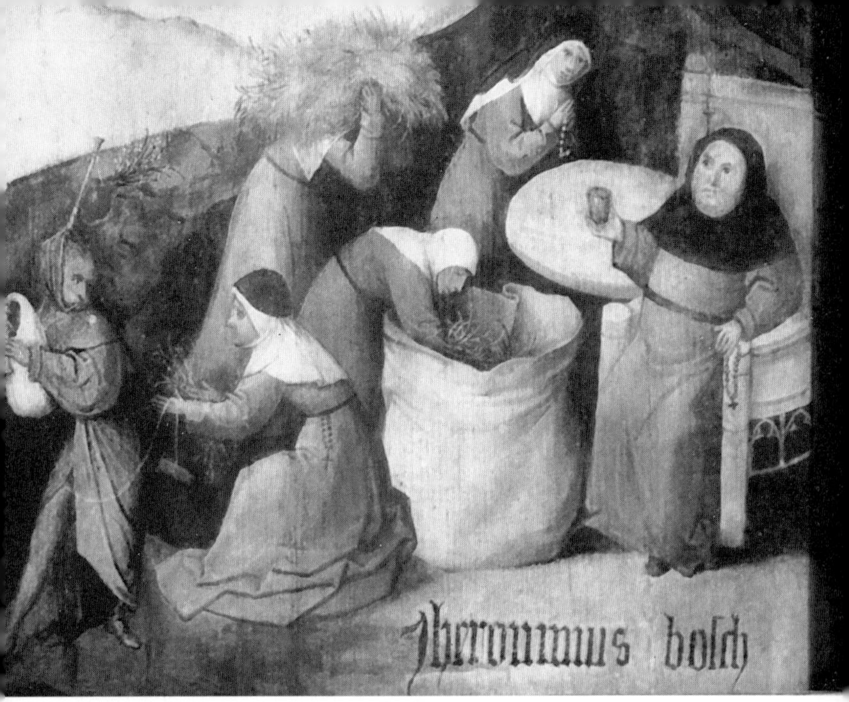

3 **Hieronymus Bosch, Der Heuwagen, Madrid, Museo del Prado; Detail: Mönch, der von Nonnen bedient wird**

Maler ausdrücken wollen, daß die christliche Vorstellung von den Letzten Dingen nur in der Einbildung der Menschen existiert?[19]
So jedenfalls hat der spanische Dichter Quevedo (1580–1645) ihn verstanden. Mehrfach erwähnt er die »Träume« Boschs und schildert in einem Werk, dem er den Titel *Die Träume* (*Los Sueños*) gab, einen Teufel, der sich in der Hölle über den Maler mit folgenden Worten beschwert: »Vor kurzem war Hieronymus Bosch hier unten, und befragt, warum er denn in seinen Träumen aus uns solch ein Mischmasch zusammengesudelt habe, antwortete er: ›Weil ich nie glaubte, daß es Teufel wirklich gibt!‹«[20] Hier wird also der Maler tatsächlich in einer frühneuzeitlichen Quelle des Unglaubens bezichtigt.[21]
Sigüenza dagegen weist den Vorwurf der Häre-

sie zurück. Seiner Ansicht nach waren es unwissende Menschen, die sich über die Rechtgläubigkeit des nordeuropäischen Künstlers den Kopf zerbrachen. Eine solche Anschuldigung konnte nicht nur dem Ruf Philipps II. Schaden zufügen, sondern auch dem des Verfassers selbst, der in seiner Klosterzelle persönlich ein Bild von Bosch besaß. So muß seine detaillierte Werkanalyse wohl auch als eine Apologie in eigenem Interesse verstanden werden. Mit anderen Worten: Die genaue Schilderung der katholischen Geistlichen in den Bildern Boschs kann keineswegs als Beleg für eine orthodoxe Haltung des Malers gelten; dies um so weniger, als der Klerus sowohl im »Heuwagen«-Triptychon *(Abb. 3)* als auch im »Garten der Lüste« in ungünstigem Licht erscheint. Zwar wird das Priesteramt auf den »Todsünden« Boschs in einer Szene, die einen Priester bei der Letzten Ölung zeigt, ohne satirische Beigaben dargestellt, doch handelt es sich bei diesem Werk nicht um eine Darstellung der Sieben Sakramente.

Ein weiterer Fehlschluß seiner augenscheinlich tendenziösen Analyse besteht darin, daß er die Bedeutung der linken Seitenflügel des »Gartens der Lüste« und des »Heuwagen«-Triptychons einander angleicht, um daraus eine vollkommen falsche Interpretation der Ikonographie dieser Tafel im »Garten der Lüste« herzuleiten *(Abb. 4 und 5)*. Sie stelle zunächst die Schöpfung des Menschen dar, dann das Verbot, die Früchte vom Baum der Erkenntnis zu essen, und schließlich die Vertreibung Adams und Evas aus dem Paradies. Erst diese Gleichsetzung versetzt Sigüenza in die Lage, die mittlere Tafel als ein Bild der Menschheit in den Fängen der Sünde zu deuten und dabei außer acht zu lassen,

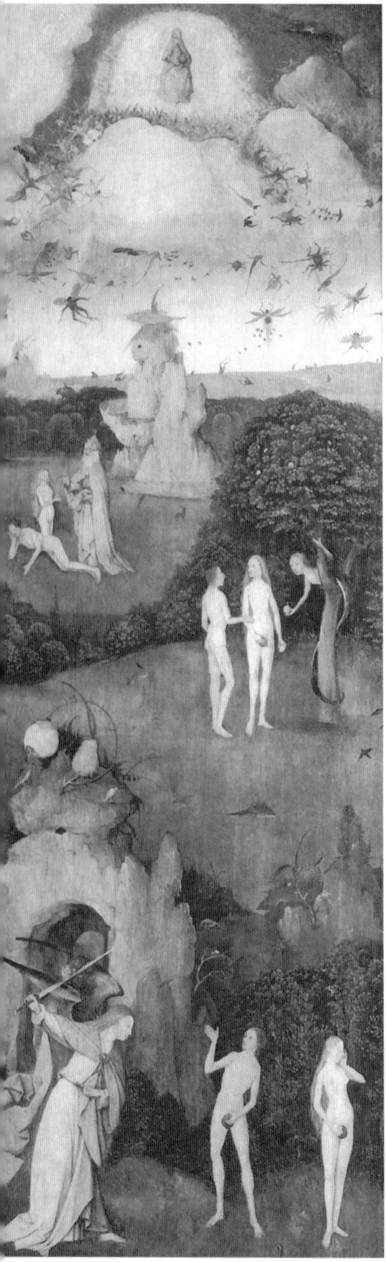
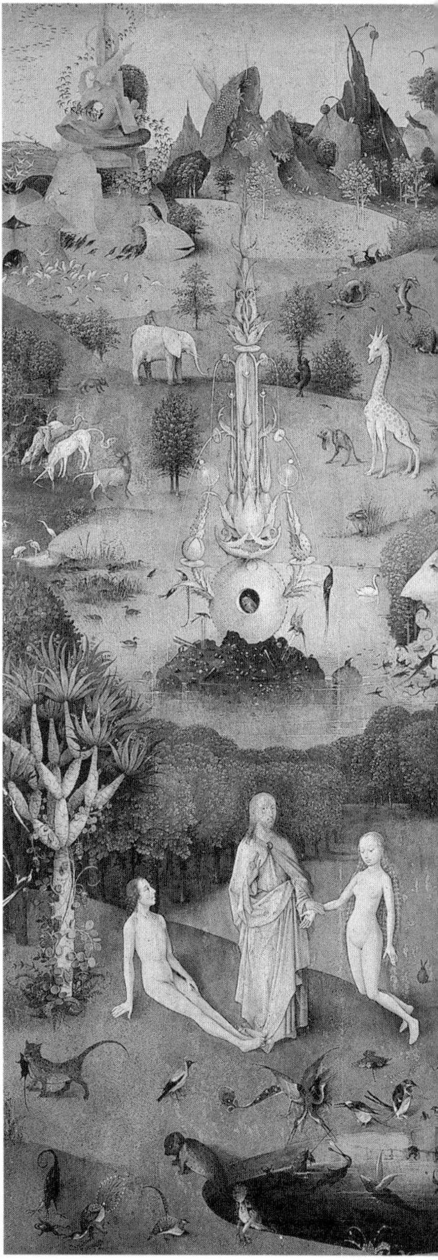

daß Bosch im »Garten der Lüste« auf dem linken Flügel keineswegs den Sündenfall, sondern die Hochzeit von Adam und Eva, genauer denjenigen Moment dargestellt hat, in dem Gott Adam seine Frau zuführt.

Ein lutherischer Maler?

Erstaunlicherweise ist in der Forschung die Frage unberücksichtigt geblieben, wie die Kreise um Sigüenza Bosch haben anklagen können, ein Anhänger Luthers zu sein, obwohl der Maler doch schon 1516 und damit ein Jahr vor dem öffentlichen Auftreten Luthers gestorben war.

Der Vorwurf der Häresie ist entweder als Verdächtigung der Mitgliedschaft in einer Sekte oder allgemein als Bezeichnung für Ungläubige verstanden worden. Im Unterschied zu solchen Auslegungen bestand der gebräuchlichste Sinn des Wortes »Häresie« zwischen dem Tridentinum* und dem zweiten Vatikanischen Konzil jedoch im Verdacht des »Protestantismus«.

4 **Hieronymus Bosch, Der Heuwagen, Madrid, Museo del Prado; linker Innenflügel**

5 **Hieronymus Bosch, Der Garten der Lüste, Madrid, Museo del Prado; linker Innenflügel**

Dieses historische Mißverständnis, demzufolge Bosch als ein Anhänger Luthers erscheinen könnte, erklärt sich dadurch, daß die genauen Lebensdaten Boschs schon bald nach seinem Tod nicht mehr bekannt waren, wie Karel van Mander in der ersten Biographie des Künstlers von 1604 auch eingesteht.[22] Erschwert wurde eine genaue Bestimmung der Lebensdaten außerdem durch die Besonderheit seines Stils, der gleichermaßen durch bewußte Archaisierung wie durch kühne Entwürfe gekennzeichnet ist. Deshalb konnte es auch bis heute nicht gelingen, zu einer plausiblen Chronologie seines Gesamtwerks zu gelangen. Die Datierungen würden sogar noch stärker schwanken, wenn nicht die Auffindung von Quellentexten dazu geführt hätte, wenigstens einen ungefähren zeitlichen Rahmen abstecken zu können.

Folgt man Sigüenza, so hat Bosch noch ohne Kenntnis der Dichtungen von Merlin Coccayo, dessen *Macaronée* 1517 in Venedig veröffentlicht wurde, schon im »makaronischen« Stil gearbeitet. Unterstellt man, daß dem Spanier das Datum der ersten Ausgabe besagten Werkes bekannt war, so hätte er also die Anfänge von Boschs phantastischem Stil früher angesetzt. Andererseits glaubte er, daß der Maler die Werke von Dürer (1471–1528), Michelangelo (1475–1564) und Raffael (1483–1520) gekannt habe, bevor er seine gänzlich neue Art der Gestaltung einführte. Sigüenza ordnete Bosch also in die Nachfolgegeneration der Künstler der Hochrenaissance ein, um ihn dadurch die Bühne der europäischen Kunst nicht vor 1510 betreten zu lassen. Damit allerdings gehörte der Künstler Hieronymus Bosch in seinen Augen dem Zeitalter der Reformation an, wodurch es überhaupt erst möglich, wenn nicht sogar nahegelegt wird, an seiner katholischen Rechtgläubigkeit zu zweifeln.

Außerdem konnte die Art und Weise, wie Bosch in seinen Gemälden das Jenseits gestaltet hat, durchaus dazu führen, ihn als einen Freigeist anzusehen. Aber weshalb konnte man den Maler für einen Protestanten halten? Waren es die in seinem Werk so häufig anzutreffenden antiklerikalen Darstellungen, die zu dieser Unterstellung führten? Wohl nur zum Teil, denn eine kritische Haltung gegenüber dem Klerus war schon in den beiden Jahrhunderten vor der

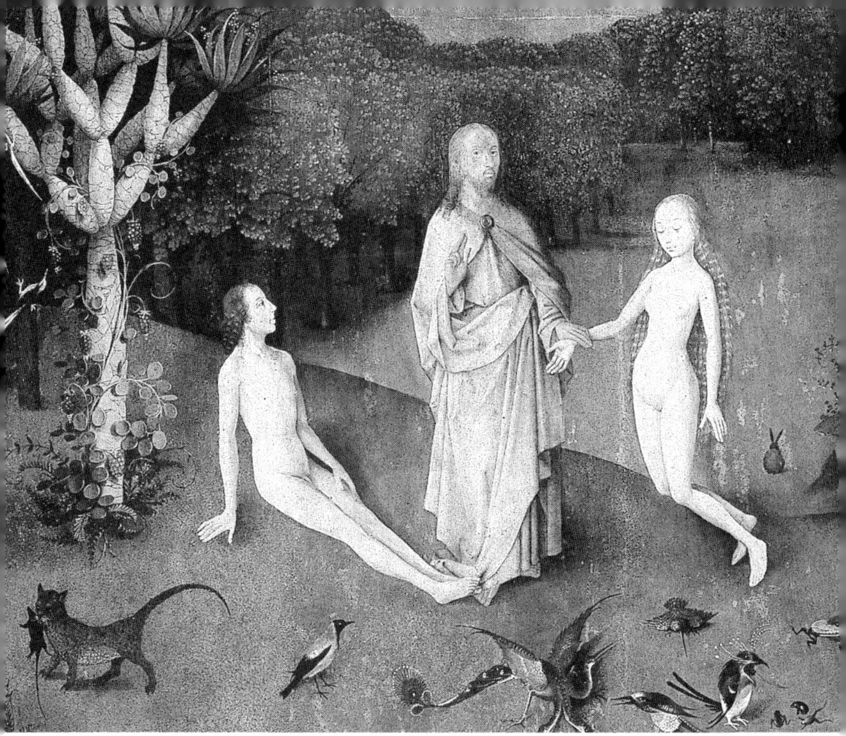

6 **Hieronymus Bosch, Der Garten der Lüste, Madrid, Museo del Prado; Detail des linken Innenflügels: Gottvater führt Adam Eva zu**

Reformation weit verbreitet. Wenn Bosch den Papst hinter dem Heuwagen herreiten *(s. Abb. 1)* und den Klerus im »Garten der Lüste« in der Hölle schmoren läßt, so verbleibt er innerhalb der mittelalterlichen Darstellungskonvention. Eine solch drastische Selbstkritik verschwand erst im Zuge der Reformation aus der katholischen Bilderwelt. Nur wenn der »Garten der Lüste« aus der Zeit um 1530 datierte, wäre es tatsächlich vorstellbar, daß er von einem protestantischen Prinzen in Auftrag gegeben wurde. Darüber hinaus gilt es, eine ikonographische Merkwürdigkeit der linken Tafel zu beachten, die Sigüenza geflissentlich übersieht, erkennt man doch darauf die Vereinigung oder besser – ganz in Übereinstimmung mit der christlichen

Lehre – die Hochzeit von Adam und Eva *(Abb. 6)*. Im »Heuwagen«-Triptychon jedoch hatte Bosch auf der linken Tafel zugleich den Sturz der Engel, die Schöpfung Evas, die Versuchung und die Vertreibung aus dem Paradies gezeigt, was der üblichen Motivtradition entspricht. Auch das Wiener »Weltgericht« *(s. Abb. 34)* wählt diese Ikonographie. Das Thema der Zuführung Evas hingegen ist selten dargestellt worden. Es hat allenfalls im größeren Zusammenhang einer ausführlichen Schilderung der Schöpfungsgeschichte seinen Platz. Wollte man diese aber in einer einzigen Szene zusammenfassen, dann bevorzugte man zumeist die Versuchung oder die Vertreibung aus dem Paradies. Insofern ist Boschs Wahl bezeichnend, entscheidet sich der Maler doch für eine Szene, die weniger die Verfehlung als vielmehr den Gehorsam des ersten Menschenpaares zum Thema hat.
In Joseph Haydns Oratorium »Die Schöpfung« (1798), einem musikalischen Hauptwerk der europäischen Aufklärung, wird sich die Tradition noch einmal wiederfinden, welche nur von der Segnung des Paares berichtet, die unglückliche Folge der biblischen Ereignisse jedoch verschweigt. In diesem Zusammenhang ist auch die Genesis-Initiale der Bibel von Lobbes vom Ende des 11. Jahrhunderts zu erwähnen.[23] Hier wird die Schöpfung in sieben Medaillon-Darstellungen resümiert, von denen die oberste Gott mit einem Schriftband zeigt, mit dem er die Menschheit zu Fruchtbarkeit und Vermehrung anhält *(Abb. 7)*. Die Einfügung einer solchen Szene ist sicher nicht frei von Hintergedanken, denn der Kolophon* eben dieser Bibel bezeugt eine starke Feindseligkeit gegenüber der Gregorianischen Reform*.

7 **Bibel von Lobbes, 1084, Tournai, Bibliothèque du Séminaire, Ms. 1, fol. 6r: Genesis-Initiale**

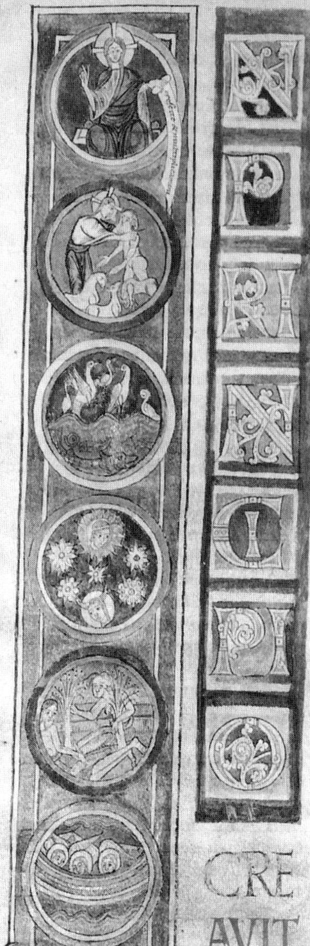

IN PRINCIPIO

CRE
AVIT
DS
CAE
LUM
ET TER
RAM.

Terra autem erat inanis & uacua.
& tenebre erant super faciem abyssi.
& sps di ferebatur super aquas. Di
xitq; ds. Fiat lux. Et facta est lux.
Et uidit ds lucem quod esset bona.
& diuisit lucem a tenebris. Appella
uitq; lucem diem. & tenebras nocte.
Factumq; est uespere & mane. dies un⁹.
Dixit quoq; ds. Fiat firmamentum II
in medio aquarum. & diuidat aquas
ab aquis. Et fecit ds firmamentum.
Diuisitq; aquas que erant sub firma
mento. ab his que erant sup firmam
tum. Et factum est ita. Uocauitq;
ds firmamentum celu. Et factum e
uespere & mane. dies secundus. III
Dixit uero ds. Congregentur aque
que sub celo sunt in locum unum.
& appareat arida. Factumq; est ita.
Et uocauit ds aridam terram. con
gregationesq; aquarum appellauit
maria. Et uidit ds quod esset bo
num. & ait. Germinet terra her
bam uirentem & facientem semen.
& lignum pomiferum faciens fructu
iuxta genus suum. cuius semen in
semet ipso sit super terram. Et factu
est ita. Et protulit terra herbam
uirentem & afferentem semen iuxta
genus suum. lignumq; faciens fruc
tum. & habens unumquodq; semente
secundum speciem suam. Et uidit ds
quod esset bonum. factumq; est uespe
re & mane. dies tertius. IIII
Dixit autem ds. Fiant luminaria in
firmamento celi. & diuidant diem &
noctem. & sint in signa & tempora &
dies & annos. & luceant in firmamento
celi. & illuminent terram. Et factu
est ita. Fecitq; ds duo magna lumina
ria. Luminare maius ut preesset diei.
& luminare minus ut preesset nocti.
Et stellas. Et posuit eas in firmamen
to celi. ut lucerent sup terram & pre
essent diei ac nocti. & diuiderent lu
cem ac tenebras. Et uidit ds quod
esset bonum. Et factum est uespere
& mane. dies quartus. V
Dixit etiam ds. Producant aquae
reptile anime uiuentis. & uolatile
super terram sub firmamento celi.
Creauitq; ds cete grandia. & om

Machen wir uns klar, daß Bosch mit der Auswahl der genannten Szene den Beginn der Menschheitsgeschichte auf einen entscheidenden Moment der Genesis konzentriert: »Seid fruchtbar und mehret euch« (Gen. 1,28); oder an anderer Stelle: »Ihr werdet zwei sein in einem Fleische« (Gen. 2,24). Die katholische Überlieferung hat besonders seit der Gegenreformation einige Probleme mit diesen Versen, während die protestantischen »Häretiker« daraus ihr Hauptargument gegen das Zölibat* des Klerus beziehen konnten.[24] Zumindest verstanden die Reformatoren und insbesondere Luther die alttestamentliche Episode auf diese Weise.[25] Der Befehl, die Erde zu bevölkern, galt schließlich für die gesamte Menschheit und schien bereits vorab die unselige Erfindung des Zölibats und aller Keuschheitsgelübde zu verdammen.

Ziehen wir diesen theologischen Kontext für unsere Interpretation des Triptychons heran, so hatten die Mönche des Escorial ein Werk vor Augen, das nicht nur bei Wilhelm von Oranien, folglich bei einem mächtigen Feind des katholischen Glaubens konfisziert worden war, sondern das sie in ihrem Kloster auch mit Nachdruck daran erinnerte, daß Gott allen Menschen den Befehl gegeben hatte, sich zu vermehren. Schließlich zeigt das Bild Boschs ja auch eine Vielzahl von Menschen, die dieser Aufgabe ohne Scham nachkommen. Im Gegensatz dazu wird die Hölle durch eine große Zahl von Klerikern bevölkert, wahrscheinlich weil sie eben jenem Befehl nicht gefolgt waren. Der Skandal wäre wohl kaum größer gewesen, hätte Philipp II. statt des Bildes einen leibhaftigen lutherischen Prediger in den Escorial berufen. Jetzt wird verständlich, warum Sigüenza

sich mit seiner ikonographischen Deutung so angestrengt hat. Er wollte durch seine Lektüre den eigentlichen Gehalt, ja die theologische Sprengkraft des Werkes entschärfen.
Zwar ist Bosch schon vor Beginn der Reformation gestorben. Aber das hier benannte theologische Problem reicht weit hinter die Interpretationsgeschichte des Gemäldes zurück. Es wäre ein Irrtum anzunehmen, daß der Streit um den Wert von Ehe und kirchlichem Zölibat nicht auch schon vor Luther bestanden habe. In Wirklichkeit hat die Reformation einem bereits seit drei Jahrhunderten grassierenden Antiklerikalismus zum Sieg verholfen. Die Position, die Bosch und Luther zur Frage der Ehe einnehmen, ist im Spätmittelalter vielfach nachweisbar, insbesondere in einem der am meisten gelesenen und nachgeahmten Bücher dieser Zeit, dem *Rosenroman* von Guillaume de Lorris und Jean de Meun. Doch bevor wir auf diesen Punkt näher eingehen, wollen wir noch einer anderen Spur folgen, von der in den Quellen die Rede ist – der Darstellung des Imaginären, des Unwirklichen und des Traums.

Die Darstellung des Traums

Wenn Bosch, wie es die frühen Kommentatoren vermuteten, ein imaginäres Universum von traumhaften Gegenständen beschrieben hätte, dann würde sich für die Interpretation des »Gartens der Lüste« ein beachtlicher Freiraum ergeben. Dem Künstler wäre dann der Status eines Hofnarren zugekommen, der es ihm ungestraft ermöglicht hätte, in aller Freimütigkeit und unter dem Deckmantel der Phantastik unbequeme Meinungen zu äußern. So hat die Literatur des späten Mittelalters und der Renaissance häufig Gebrauch von dieser Möglichkeit gemacht, das Ernste in scherzhaftem Ton zur Sprache zu bringen und die Kritik an der Gegenwart und den wirklichen Verhältnissen in die Gestalt eines Traums zu kleiden. An erster Stelle mag man hier an das *Lob der Torheit* aus dem Jahre 1508 denken, in dem Erasmus die personifizierte Narrheit auftreten läßt. Diese darf alles frei aussprechen, weil der Leser vermuten muß, daß sie die Unwahrheit sagt. Auf diese Weise gelingt es Erasmus, auch unbequeme Wahrheiten über die Kirche zum Ausdruck zu bringen, ohne daß er sie direkt hätte aussprechen müssen. Vom 13. Jahrhundert an bis hin zu René Descartes (1596–1650) haben Autoren immer dann eine Vorliebe für die leicht erkennbare Fiktion der Träume, wenn sie sich vor drohender Verfolgung schützen wollen. So werden die in theologischer Hinsicht kritischen Lehrmeinungen des *Rosenromans* ausdrücklich als Traum präsentiert.

Dasselbe gilt für den politischen Traktat *Der Traum im Hag* (*Le Songe du Vergier*), der am Ende des 14. Jahrhunderts verfaßt wird. Auch der Philosoph Nicole Oresme nutzt in dieser Zeit eben dieses dichterische Verfahren, um sich über die hoch angesehenen okkulten Wissenschaften kritisch äußern zu können.[26] Noch im Jahre 1636 mußte Descartes sein durch Galilei beeinflußtes Weltbild als Fiktion ausgeben, um auf diese Weise dogmatische Kritiker zu entwaffnen. Vor diesem Hintergrund erscheint es plausibel anzunehmen, daß Bosch in seinen Bildern ein vergleichbares Verfahren genutzt haben kann, um den anstößigen und kühnen Charakter seiner Malereien abzumildern. Tat-

sächlich hat der Künstler in mindestens vierfacher Hinsicht in verschiedenen Teilen des Triptychons Fiktionen dargestellt.
Dabei ist festzuhalten, daß wir uns durch die historische Veränderung der Bedeutung von Begriffen wie »Realität« und »Fiktion« heute kaum mehr darüber im klaren sind, daß dem mittelalterlichen Denken nach sämtliche eigenständigen Hervorbringungen des Menschen als Fiktionen galten. Allein die durch Gott geschaffenen Dinge besaßen Substanz und damit auch eine individuelle, eigentliche und dauerhafte Existenz.[27] Bringt man diese Überzeugung mit der rechten Tafel des Triptychons in Verbindung, so haben die gezeigten Instrumente, Waffen und Spiele lediglich eine akzidentielle und fiktive Gegenwart. Andererseits reicht das bloße Vorhandensein dieser Objekte in einem Bild allein nicht aus, den Charakter der gesamten Szene als fiktiv zu erachten. Zumal einige wenige menschliche Erfindungen nicht als solche betrachtet wurden, darunter zum Beispiel die Kirche und – bei einigen Autoren – auch der Staat. Deshalb schuldeten diese beiden Institutionen ihre Existenz scheinbar Gott selbst.
In der mittelalterlichen Seinslehre wurde das Verhältnis von Fiktion und Realität durch den sogenannten Baum des Porphyrios geregelt. Dabei handelt es sich um ein antikes und durch den christlichen Philosophen Boethius im 6. Jahrhundert wieder aufgenommenes Ordnungsschema, mit dessen Hilfe alle Substanzen, die gewissermaßen den Wirklichkeitsgrad der Dinge bestimmten, klassifiziert werden konnten. So unterschied man körperliche und unkörperliche Substanzen, die körperlichen Substanzen wiederum nach belebten und unbelebten Stoffen, daraufhin die belebten Substan-

zen wiederum nach wahrnehmungsfähigen und wahrnehmungsunfähigen, schließlich die zur Wahrnehmung befähigten Substanzen nach vernunftbegabten und unvernünftigen und zuletzt die vernunftbegabten Substanzen nach sterblichen und unsterblichen.[28]
In diesem hierarchischen Klassifikationssystem ist zum Beispiel der Mensch dadurch ausgezeichnet, daß er körperlich, lebendig, wahrnehmungsfähig, vernünftig und sterblich ist. Unter ihm rangieren die Tiere, die als lebendige, wahrnehmungsfähige und unvernünftige Wesenheiten galten, wohingegen etwa ein Baum lediglich als lebendige Wesenheit betrachtet wurde, die nicht zur Wahrnehmung fähig sei. Doch trotz aller klassifikatorischen Präzision vermag das Baumschema des Porphyrios nicht alle Probleme der Typologie des Seienden zu erklären. So konnte es noch nicht einmal bei der scheinbar einfachen Frage helfen, ob Einhörner* existieren oder nicht. Bezogen auf den »Garten der Lüste« erlaubt dieses Klassifikationssystem jedoch, ein Wesen, das sich anscheinend selbsttätig bewegen kann, aber den Körper eines abgestorbenen Baumes besitzt und Füße in der Form von Booten und die Gesamterscheinung eines Gebäudes hat, als notwendig inexistent zu bestimmen. Genauso sieht aber das Monster im Zentrum des rechten Innenflügels von Boschs Triptychon aus *(s. Abb. 20)*.
Für die mittelalterliche Seinslehre ist ferner bedeutsam, ob eine Substanz von Natur aus bestimmte Formen und Proportionen besitzt, die sie unveränderlich charakterisieren. Hierbei handelt es sich um eine Voraussetzung, ohne die der Unterschied zwischen Substanz und Akzidenz* verschwinden würde, die aber ihrerseits wieder neue theoretische Probleme stellt.[29] Un-

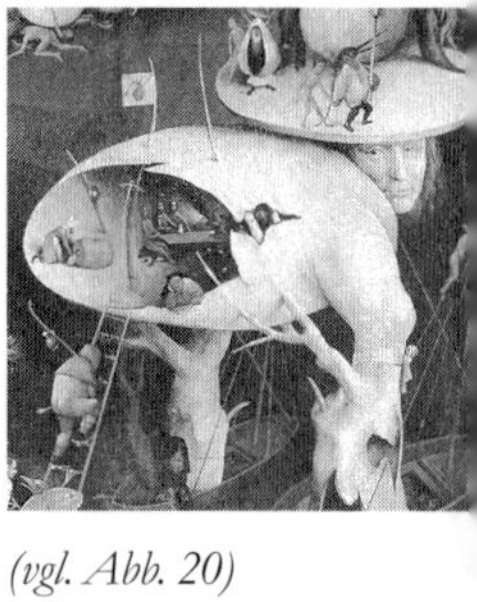

(vgl. Abb. 20)
Hieronymus Bosch, Der Garten der Lüste, Madrid, Museo del Prado; Detail des rechten Innenflügels: Der tote Baum

zweifelhaft sind jedenfalls eine Riesenblume, in der sich ein Liebespaar amüsieren kann, und der Hase, der größer ist als der Jäger, als Verfremdungen der Natur zu begreifen. Bosch bedient sich also zweier Darstellungstechniken. Zum einen verändert er den gewohnten Größenmaßstab der Dingwelt. Zum anderen fügt er Wesen aus unterschiedlichen Teilen zusammen, die normalerweise nicht zusammengehören. Wie Jurgis Baltrušaitis gezeigt hat, konnte der Künstler für die Darstellung seiner phantastischen Wesen auf die Marginalien mittelalterlicher Buchmalerei als wichtige Inspirationsquelle zurückgreifen.[30] Die dort als bloßes Rahmenwerk üblichen Drolerien[*] und künstlerischen Grillen hat er übernommen, um sie in seinen Bildern zu einer zentralen Darstellungsform zu machen.

In diesem Sinne kann man den »Garten der Lüste« auch als ein frivoles Spiel mit der Welt des Inexistenten betrachten, wie es der italienische Reisende Antonio de Beatis zweifelsohne getan hat, ohne daß er das Werk deshalb als minder wertvoll betrachtet hätte. Im übrigen sind die Tafeln keineswegs als bloß dekorative Kunststücke zu erachten. Im Gegenteil, die Anlage des Werkes folgt durchaus den mittelalterlichen Konventionen figürlicher Darstellung. Schließlich sind die Bilderfindungen des »Gartens der Lüste« nicht phantastischer als andere Darstellungen des Paradieses oder der Hölle von der Hand des gleichen Malers. Normalerweise charakterisieren Regelwidrigkeiten der Proportion in der mittelalterlichen Kunst ebensosehr das Übernatürliche wie das bloß Grillenhafte. Man denke etwa an die enorme Körpergröße, die Christus in Darstellungen des Jüngsten Gerichts zukommt, oder andererseits an die Winzigkeit der Figuren, welche den Mündern sterbender Menschen entsteigen und deren Seelen verbildlichen. Auch die Vermischung der Arten ist ein gängiges Verfahren, um das Übernatürliche zu repräsentieren: So erscheinen die Engel wie Menschen, die zusätzlich mit Flügeln ausgestattet sind. Es ist also nicht einfach zu entscheiden, in welchen Fällen Bosch solche Verfahren lediglich genutzt hat, um einer bloßen Laune nachzukommen, und wo er statt dessen eine übernatürliche Wirklichkeit in Szene setzen wollte. Belassen wir es für den Moment bei der Feststellung, daß die kleinen nackten Menschen der mittleren und der rechten Tafel etwas darstellen, das entweder nicht in der äußeren Wirklichkeit existiert oder eine jenseitige Welt bevölkert. Ginge man davon aus, daß Bosch das Jenseits als ein Produkt der Einbildungskraft aufgefaßt hat, so könnte sogar beides zutreffen.

Ebenso wichtig für die Interpretation des »Gartens der Lüste« ist es, die Bedeutung von Nacktheit und Kleidung angemessen zu beurteilen. Wir wollen uns hier auf einige Bemerkungen beschränken. Im Mittelalter wird der Körper meist bekleidet gezeigt. Nacktheit stellt ein Zeichen von Unterlegenheit, von Mittel- und Machtlosigkeit dar; im besten Fall jener des Kindes, im schlimmsten Fall jener des Gekreuzigten. Ferner ist festzuhalten, daß die Kleidung häufig als Metapher des Körpers dient; so etwa in Darstellungen von Abrahams Schoß oder der Schutzmantelmadonna, wo die Geborgenheit familiärer Gemeinschaft durch einen die Umstehenden einfassenden Mantel zum Ausdruck kommt. Auch die Seelen, die sich ihrer körperlichen Hülle entledigt haben, werden nackt gezeigt, während die himmlischen Auserwählten

nach der Auferstehung des Fleisches wieder bekleidet erscheinen.
Eine Seele, die ihres Körpers beraubt ist, kann sich in Imaginationen kleiden.[31] Daß dabei die Grenze zwischen dem Geistigen und dem bloß Imaginären nicht einfach zu erkennen ist, hängt mit der Tatsache zusammen, daß das mittelalterliche Denken die Wirklichkeit mit ihrer materiellen Erscheinung gleichsetzt und das geistige Bild stets mit einem gewissen Mißtrauen betrachtet. Sobald man in die geistige Welt der Phantasmen eintritt, hat man es nicht mehr mit den Gesetzen der Natur zu tun: Alle nur erdenklichen »Kleider«-Formen sind jetzt möglich.

Die wachsende Irrealität des Universums

Kehren wir nun zu den Tafeln des »Gartens der Lüste« zurück, um zu untersuchen, welchen unterschiedlichen Realitätsgrad die vier im Triptychon dargestellten Szenen aufweisen könnten. Die Schöpfungsszene auf der Werktagsseite gibt sich wenig exzentrisch. Im Hintergrund der linken Tafel hat man die Silhouetten von Wohnstätten erkennen wollen, aber es könnte sich auch schlicht um Felsen handeln.[32] Die Ähnlichkeit zwischen den Formen der Natur und jenen, die von Menschenhand geformt sind, läßt sich in unserem Triptychon vielfach beobachten. Sie erklärt sich daraus, daß der Mensch in seinen Werken die Natur nachahmt, die ihm Vorbilder liefert. Auch die ebenso üppige wie riesenhafte Vegetation des Vordergrundes findet eine spezifische Erklärung durch die eigentliche Bedeutung der Zuführungsszene. Denn im Mittelalter und in der Renaissance nahm man an, daß die Erde vor der Sintflut, vor allem aber vor dem Sündenfall fruchtbarer gewesen sei.[33]

Mehrfach haben Interpreten des Bildes den fragilen Eindruck der Vegetation mit dem Konzept der Unbeständigkeit und Vergänglichkeit der Welt erklären wollen. Er erklärt sich aber einerseits aus dem exotischen Wesen der dargestellten Pflanzen, andererseits aus der spätgotischen Vorliebe für durchscheinende und emporstrebende Formkompositionen. Jedenfalls ist die Beschaffenheit der Vegetation von zu allgemeinem Charakter, als daß sie eine spezielle symbolische Deutung zulassen würde; andernfalls wären die eleganten Kapellenbauten jener Zeit ebenso wie die architektonischen Formen im »Garten der Lüste« Symbole für die Hinfälligkeit der Welt.

Die Hochzeit von Adam und Eva findet in einer exotischen Landschaft statt. Sie enthält jedoch nur wenige Elemente, die den Gesetzen der Natur wirklich widersprechen. Zu Recht hat man die dargestellten Tiere mit Illustrationen verglichen, wie sie auch orientalische Reiseberichte der Zeit schmücken.[34] Das gilt auch für Pflanzen wie den Drachenbaum im Vordergrund und die Palme auf der rechten Seite. Sie gehören einer fremdartigen Flora an, die durch die zeitgenössische Druckgraphik in Europa weithin bekannt gemacht wurde *(Abb. 8)*.[35] Unter den Tieren lassen sich immerhin einige ausmachen, die als willentliche Übertretung der Naturgesetze zu erkennen sind; so etwa der zweifüßige Hund und die beiden Insekten von gigantischem Ausmaß. Der Teich im Vordergrund schließlich enthält ein Wesen, das eine

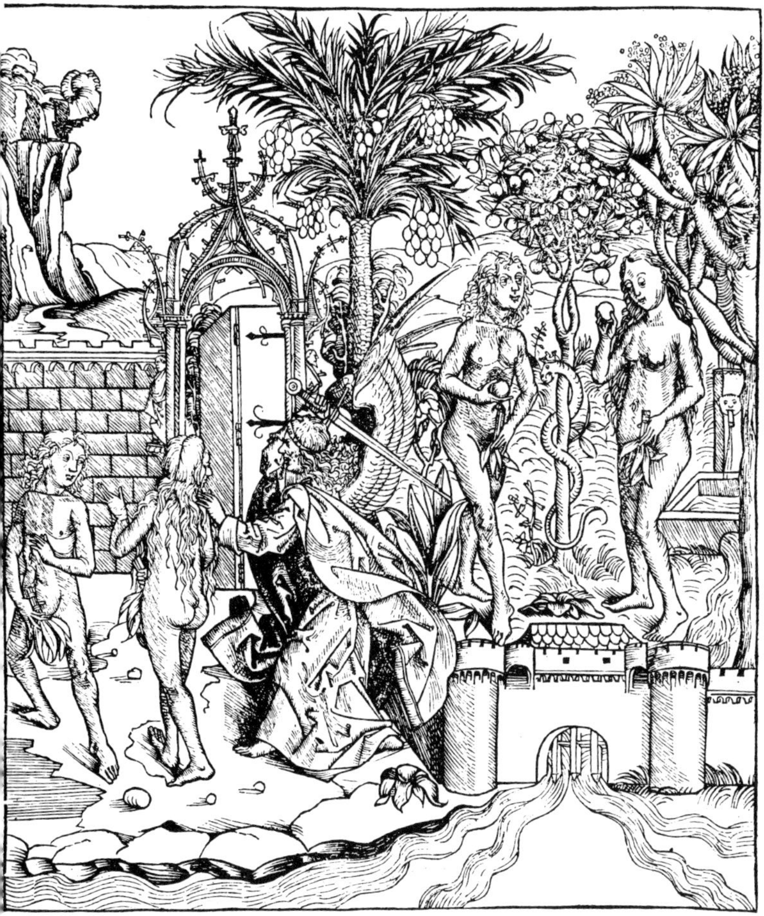

8 **Holzschnitt aus Hartmann Schedel, Weltchronik, Nürnberg 1493, fol. 7r: Die Verführung von Adam und Eva und die Vertreibung aus dem Paradies**

merkwürdige Verbindung aus Pinguin und Mönch darstellt. Dieses Doppelwesen spiegelt sich im Wasser und ist im Begriff, die Stundengebete zu lesen *(Abb. 9)*. Selbst wenn man anatomisch vergleichbare Gestalten in den naturgeschichtlichen Nachschlagewerken der Zeit finden mag, ist diese Figur durch die Tätigkeit der Lektüre von allen anderen Mitbewohnern des Paradieses unterschieden. Der Betrachter

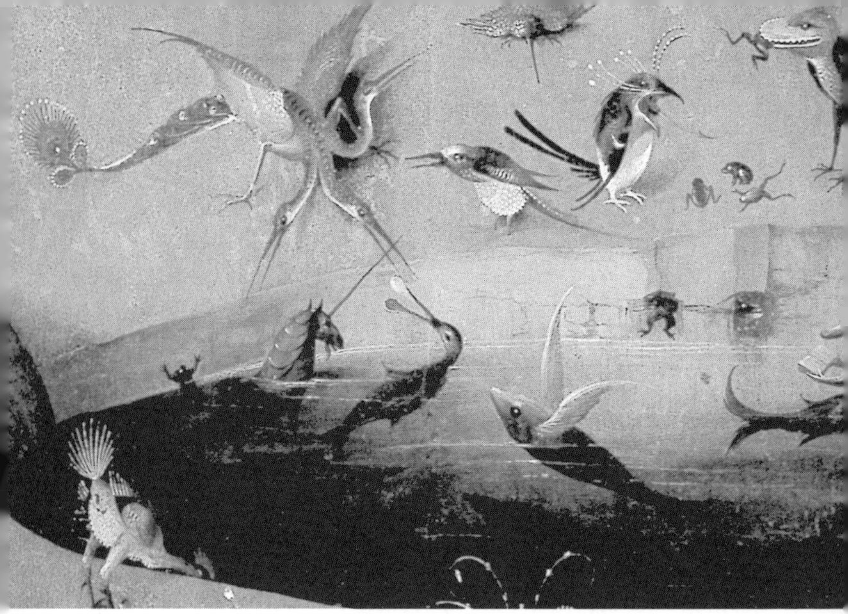

wird daran erinnert, daß diejenige Tätigkeit, die den Menschen von allen anderen Geschöpfen unterscheidet, im Paradies noch nicht für ihn vorgesehen war.[36] Das erste Menschenpaar ist nackt dargestellt, wodurch weniger die Unterlegenheit dem bekleideten Gottvater gegenüber angezeigt ist, als vielmehr die Unschuld und Kindlichkeit der Protagonisten. Die Stammeltern sind in normaler (Menschen-)Größe wiedergegeben, wodurch sie trotz fehlender Kleidung als »wirklich« existent ausgewiesen sind. Die Gewässer des Paradieses sind von einigen beunruhigenden Monstern bewohnt. Aber diese Tatsache scheint für das erste Menschenpaar nicht besonders beunruhigend zu sein, weil ein Einhorn in der Nähe ist. Gemäß den Vorstellungen mittelalterlicher Bestiarien* vermag das Einhorn das Wasser zu reinigen, indem es sein Horn hineintaucht *(Abb. 10)*.[37] Es ist auch eine

9 **Hieronymus Bosch, Der Garten der Lüste, Madrid, Museo del Prado; Detail des linken Innenflügels: Monströse Tiere**

Anzahl schwarzer und häßlicher Lurche zu erkennen, die den Fluß verlassen. Möglicherweise werden sie durch die Reinheit des Einhorns aufgescheucht.

Auch die mittlere Tafel ist nicht frei von abstoßenden Tieren, aber sie sind hier selten geworden, und die Menschen betrachten sie nicht mit Abscheu, sondern spielen gelegentlich sogar mit ihnen. Keines der hier dargestellten Tiere durchbricht die Ordnung vom Baum des Porphyrios; sie sind demnach als wirklich oder doch zumindest als möglich gedacht. Die imposanten Felskonstruktionen sehen aus wie Modelle dessen, was die Menschen später in Nachahmung dieser Naturformen als Wohnsitze, Türme und Brunnen errichten werden.

Fassen wir unsere Beschreibung des Ortes und der Figuren zusammen: Wir sehen uns einer zwar exotischen Welt gegenüber, die aber durchaus in dieser Gestalt existieren könnte, wenn die Menschen auf der Mitteltafel, die sich

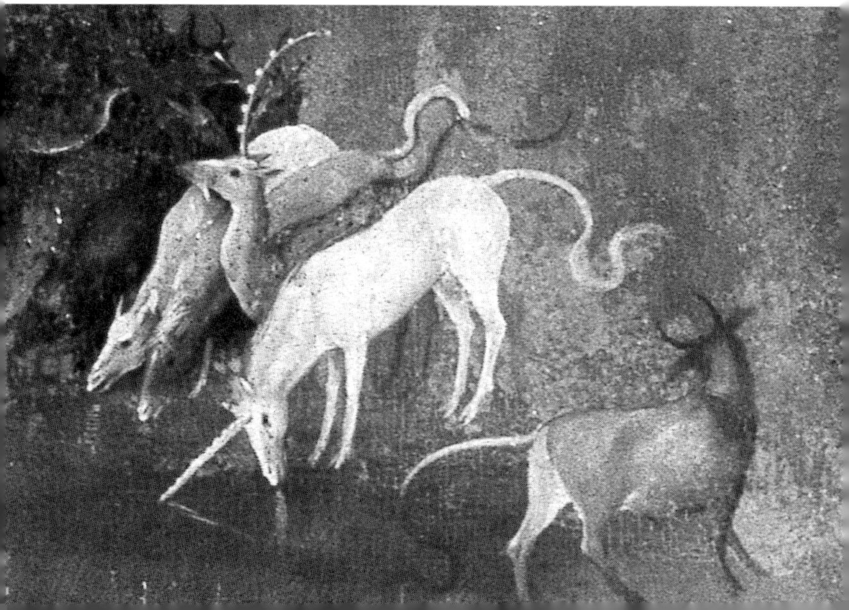

10 **Hieronymus Bosch, Der Garten der Lüste, Madrid, Museo del Prado; Detail des linken Innenflügels: Trinkende Tiere**

von gigantischen Vögeln füttern lassen und Früchte und Blumen bewohnen, nicht so klein wären. Sie sind in einem Maßstab wiedergegeben, der im Mittelalter zu bildlichen Darstellungen der Seelen gedient hätte – wofür übrigens auch ihre Nacktheit spräche. Die Mitteltafel zeigt folglich ein geistiges Universum, wie es nur von der Einbildungskraft und von der Religion hätte erdacht werden können.
Aber wie ist dieses Universum des Unwirklichen zu beurteilen? Wie läßt sich diese Unwirklichkeit genauer bestimmen? Die diversen Beziehungen, die bei Bosch das Geistige und das Irreale miteinander eingehen, wären eine eigene Untersuchung wert. Doch ist in dem besonderen Fall, der uns hier interessiert, eine klare Antwort möglich: Eine Darstellung des Paradieses, die wie jene des linken Triptychonflügels mit den ikonographischen Gewohnheiten der Zeit übereinstimmt, muß entsprechend als Ausdruck einer feststehenden theologischen Wahrheit aufgefaßt werden. Die Mitteltafel hingegen mit ihrer bevölkerten Paradieslandschaft, die keine im Fleische auferstandenen Menschen, sondern eine große Zahl von Seelen zeigt, ist mit keiner der damals gängigen theologischen und bildlichen Darstellungen in Einklang zu bringen. Es könnte sich in diesem Fall also um eine hypothetische Bildwelt handeln.
Auf der rechten Tafel schließlich ist ein ebenso phantastisches wie bedrohlich erscheinendes, nächtliches Universum aus Eis und Feuer zur Schau gestellt, das mit der Mitteltafel den geistig-spirituellen Aspekt gemeinsam hat. Gezeigt werden wiederum keine Menschen aus Fleisch und Blut, sondern Seelen, deren Umwelt in noch verzerrteren Proportionen erscheint. Ein bisher zwar selten bemerkter, je-

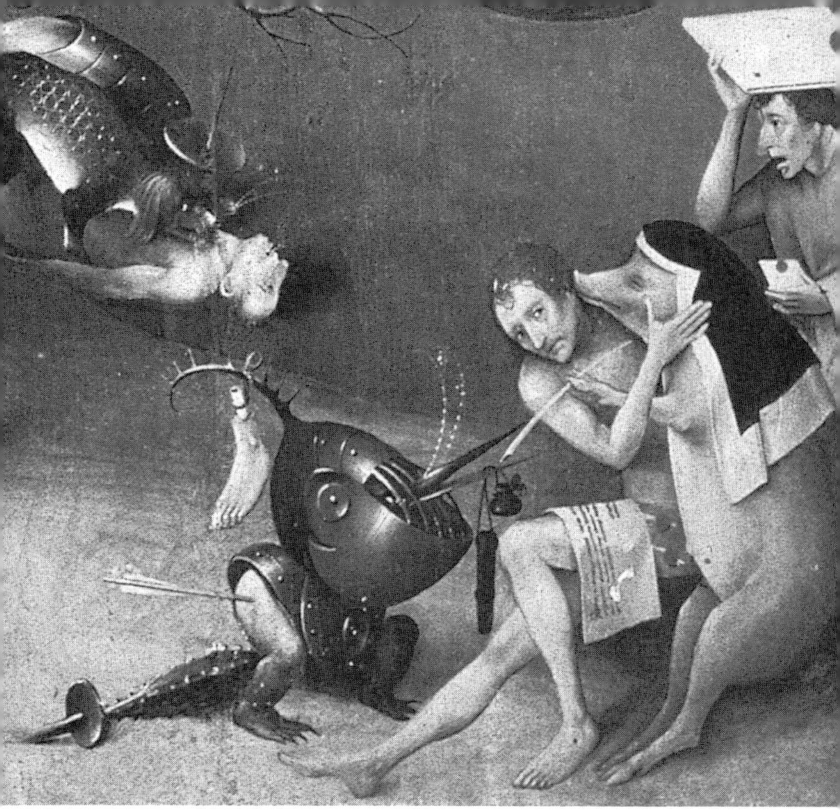

11 **Hieronymus Bosch, Der Garten der Lüste, Madrid, Museo del Prado; Detail des rechten Innenflügels: Ein Wesen, das eine Verbindung aus Nonne und Schwein darstellt**

doch wesentlicher und selbst für einen mit der mittelalterlichen Philosophie nicht vertrauten Betrachter einsichtiger Unterschied besteht zwischen den beiden zuletzt genannten Tafeln: Die Darstellung des Paradieses in der Mitteltafel enthält keinen einzigen von Menschenhand hergestellten Gegenstand, wenn man von dem Schleier absieht, den eine beleibte Frau auf ihrem Kopf trägt *(s. Abb. 12)*. Die durchsichtigen gläsernen Gebilde, in denen sich häufig Paare aufhalten, müssen als natürliche Kristalle verstanden werden. Im Gegensatz dazu ist die Hölle von bekleideten Teufeln und Mönchen bevölkert. Sie ist angefüllt mit widersinnig konstruierten Musikinstrumenten, Spielen, Waffen, also mit artifiziellen Gerätschaften aller Art. Lauter Erfindungen und Einrichtungen, so ließe sich folgern, die Gott in seinem Schöpfungswerk nicht vorgesehen hatte. Hier finden sich alle denkbaren Aspekte des Irrealen vereinigt: Die Fiktionen des Menschen, die Überschreitungen der Bestimmungen des Porphyrios-Baumes – zum Beispiel eine Verbindung aus Nonne und Schwein als Schreiberin am rechten unteren Bildrand *(Abb. 11)* –, die Mißachtung jeder vernünftigen Proportion sowie die Darstellung nackter Seelen.

Die vier Szenen des Triptychons stellen also die Welt in einer Folge von Zuständen gesteigerter Unwirklichkeit dar. Bereits das irdische Paradies der linken Tafel enthält einige Bizarrerien. Die mittlere Tafel setzt einen schönen Traum in Szene. Die rechte Tafel schließlich überläßt sich völlig der Schilderung von Gegenständen der verderbten Einbildungskraft des Menschen – jener Hölle, die er sich selbst geschaffen hat. Wenn diese Charakterisierung der Tafeln im Sinne der Zunahme des Unwirklichen zutrifft, dann stellt sich die Frage nach theologischen, literarischen und bildlichen Quellen, die ein vergleichbares Universum ausmalen und den Künstler beeinflußt haben könnten. Wenngleich auch aus der Inexistenz solcher Quellen noch kein Argument gegen unsere Interpretation zu entwickeln wäre, würde uns ihre Kenntnis doch andererseits gestatten, aufmerksamer gegenüber Details des Bildes zu werden, die uns sonst möglicherweise entgingen.

Das verlorene Paradies der Theologen

Unter den vielen Szenen des Triptychons war nur die Paradiesszene schwieriger einzuordnen. Bisweilen hat die Forschung sogar grundsätzlich an der Möglichkeit gezweifelt, den dritten Schöpfungstag auf der Außenseite der Flügel, die Hochzeit von Adam und Eva auf dem linken Flügel und die Hölle auf dem rechten Flügel wiedererkennen zu können. Solche Zweifel wurden aber nur dann geäußert, wenn es darum ging, eine falsche oder eigenwillige Interpretation der Mitteltafel stützen zu müssen. Inzwischen ist nicht mehr strittig, daß diese Tafel eine irreale Szenerie darstellt. Die Erörterung solcher Irrealitäten findet sich regelmäßig in den Kommentaren des wichtigsten Handbuchs der mittelalterlichen Theologie, und zwar in den Kommentaren der *Sentenzen* des scholastischen Gelehrten Petrus Lombardus (ca. 1100–1160).

Zur Zeit Boschs lag durch die Bemühungen von Dionysius dem Kartäuser endlich ein Kommentar zu den *Sentenzen* vor, der es unnötig machte, die früheren Kommentare mühsam abzugleichen, da durch dessen Schrift eine Synthese aller vorherigen geliefert wurde.[38] Die *Distinctiones* 19 und 20 im zweiten Buch dieses Werkes sind ausschließlich der Behandlung der Frage gewidmet, wie die Menschen im Paradies gelebt haben würden, wenn die Stammeltern nicht gesündigt hätten. Auch der Genesiskommentar von Dionysius behandelt dieses Problem.[39] Die in diesen Werken diskutierten Vorstellungen unterscheiden sich zwar in Details von Boschs bildlicher Darstellung, stimmen aber im wesentlichen mit ihr überein.

Schon die fünfte Frage der *Distinctio* 17 im Sentenzenkommentar des Kartäusers enthält aufschlußreiche Informationen zu einem angemesseneren Verständnis der eigenartigen Landschaftsauffassung, die im Triptychon vorherrscht.[40] In der genannten Schrift liest man, das Paradies werde von drei Elementen beherrscht, und zwar von Wasser, Erde und Luft. Die Hölle hingegen wird vom Feuer dominiert. Vergleicht man diese grundsätzliche Charakterisierung mit der Darstellung Boschs, so kann man feststellen, daß der Gegensatz der Elemente auf den verschiedenen Tafeln durch den Maler anschaulich inszeniert wird.

Danach wird berichtet, daß das Paradies im Gegensatz zu einer damals verbreiteten Vorstellung kein kleiner und abgeschlossener Garten gewesen sei, sondern ein weit hingestrecktes Land, groß genug, um der ganzen Menschheit im Stand der Unschuld Heimat zu sein. Mit seiner Wiedergabe des Paradieses schlägt sich Bosch deutlich auf die Seite des theologischen Gelehrten, während uns die meisten anderen Maler seiner Zeit mit der Vorstellung eines umhegten Gartens vertraut zu machen suchen, der gerade genug Platz für Adam und Eva bietet *(s. Abb. 8)*. Für diese Darstellungstradition gab es allerdings gute Gründe, denn der kleine Garten symbolisierte den Schoß der jungfräulichen Muttergottes. Schönheit, Jugend und Keuschheit Marias kamen gerade durch die Enge ihres »Gärtleins« zum Ausdruck. So widmet etwa das dem mittelalterlichen Theologen Albert dem Großen zugeschriebene *Lob der Jungfrau Maria* allein 120 Seiten detaillierten Preisungen des Paradiesgärtleins.[41]

Dionysius und Bosch schließen sich diesem vorherrschenden Symbolismus jedoch nicht an, sondern entwickeln statt dessen eine »vernünftigere« Vorstellung vom Paradiesgarten. So fragt Dionysius ganz nüchtern, ob dieser Garten bereits schädliche Pflanzen und Tiere enthalten habe. Seine Antwort lautet, daß diese Dinge durchaus schon vorhanden waren, aber dem sündlosen Menschen noch keinen Schaden zufügen konnten.[42] In *Distinctio* 19 lehrt er, daß die Menschen ohne den Sündenfall im Paradies ewige Jugend bewahrt haben würden. Nie hätten sie körperliche Schmerzen erlitten. Doch würden sie ohne Einschränkung ihrer Vollkommenheit gegessen und geschlafen haben, wie auch der gefallene Mensch es muß.[43] Delikater ist das Problem, das in *Distinctio* 20 verhandelt wird: »Würden sich die Menschen im Paradies durch körperliche Vereinigung vermehrt und dabei doch die ursprüngliche Rechtfertigung und den Stand der Unschuld bewahrt haben?«[44]

Der Kartäuser führt dazu folgendes aus: Wäre es bei einem sündlosen Leben im Paradies geblieben, so hätten sich die Menschen durchaus geehelicht. Sexuelle Enthaltsamkeit würde nicht existiert haben, weil erst durch die Sünde deren moralische Notwendigkeit entstand. Sicherlich hätte das menschliche Geschlecht auch ohne Fortpflanzung weiter bestehen können, aber dann hätte es sich nicht vermehren können. Deshalb würden sich die Menschen zur Zeugung ihrer Geschlechtsorgane in aller Unschuld bedient haben. Dabei wäre ihre Wollust allerdings durch Vernunft und Maß regiert worden. Sicherlich hätten sie dabei, so belehrt Dionysius seine Leser, ein weitaus größeres Vergnügen empfunden, als man es heute haben könne.

Unter den mittelalterlichen Autoren herrschte allerdings Uneinigkeit über den Status der Jungfräulichkeit im Paradies. So hält Richard von St. Viktor es für möglich, daß dieser Zustand der Vollkommenheit hätte bewahrt werden können. Der Mann hätte den Samen von außen eingeführt, ohne dabei mit seinem Geschlecht in die Frau einzudringen. Im Gegensatz dazu nimmt Durandus von St. Pourçain die Erhaltung der Jungfräulichkeit als unwahrscheinlich an. Die in diesem Zusammenhang seltsamste Auffassung vertritt Thomas von Aquin, indem er davon ausgeht, daß die Fortpflanzung ganz normal durch einen Geschlechtsakt vollzogen worden wäre, ohne allerdings bei den Frauen zum Verlust der Jungfräulichkeit zu führen.[45]
Auch hätten die Menschen die Freuden des Essens genossen, was ein zusätzliches Problem ganz eigener Art hervorbringt. Denn wie konnte überhaupt die Anwesenheit von Exkrementen bei gleichzeitiger Inexistenz jeglichen Verfalls erklärt werden? Die Antwort auf dieses Problem lautet, daß die Ausscheidungen und Exkremente frei von aller Widerwärtigkeit geblieben wären.
Da es keinen Alterungsprozeß gegeben hätte, war es schwierig zu entscheiden, ob die Kinder als Säuglinge und ohne das intellektuelle Vermögen eines Erwachsenen oder schon voll entwickelt zur Welt gekommen sein würden. Schon Augustinus war hier unsicher: Entweder wären die Kinder klein zur Welt gekommen, um überhaupt durch die Gebärmutter gelangen zu können, oder aber nach der Art Evas in voller Körpergröße.[46] Schließlich läßt sich in den Schriften der griechischen Kirchenväter eine weitere Denktradition verfolgen, die von einer Fortpflanzung nach Art der Engel ausging.

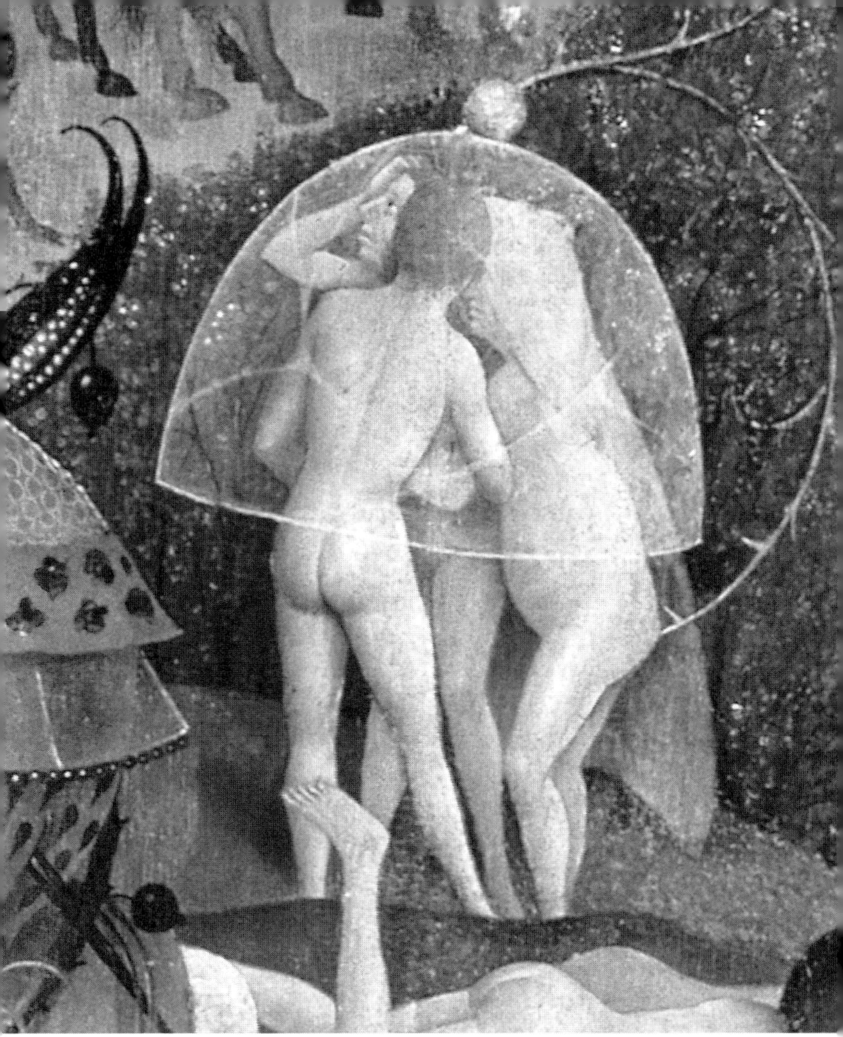

12 **Hieronymus Bosch, Der Garten der Lüste, Madrid, Museo del Prado; Detail der Mitteltafel: Szene unter einem durchsichtigen Blumenkelch**

Um sich in dieser schwer zu durchschauenden Welt des Hypothetischen sicher bewegen zu können, griffen die scholastischen Denker auf Syllogismen zurück. Mit Hilfe dieses logischen Schlußverfahrens, mit dem vom Allgemeinen auf das Besondere geschlossen wurde, glaubte man, sich eine recht genaue Vorstellung davon machen zu können, was außerhalb der empirischen Erfahrung lag. Bosch vertritt in seinem Werk eine Position, die mit der gelehrten Tradition im Grunde übereinstimmt. Neue Hypothesen über die Verfaßtheit der Hölle und des Paradieses finden sich bei ihm kaum. In Übereinstimmung mit der scholastischen Tradition leben bei Bosch die Einwohner des Paradieses in Unkenntnis von Arbeit, Leiden, Alterungsprozessen und Tod. Ihre Tätigkeit beschränkt sich dementsprechend auf die Nahrungsaufnahme und auf alle möglichen Spielereien, insbesondere auf Liebesspiele.

Der Künstler steht also im Einklang mit der scholastischen Tradition. Doch nimmt er sich

13 **Hieronymus Bosch, Der Garten der Lüste, Madrid, Museo del Prado; Detail der Mitteltafel: Liebesszene in einer großen Muschel**

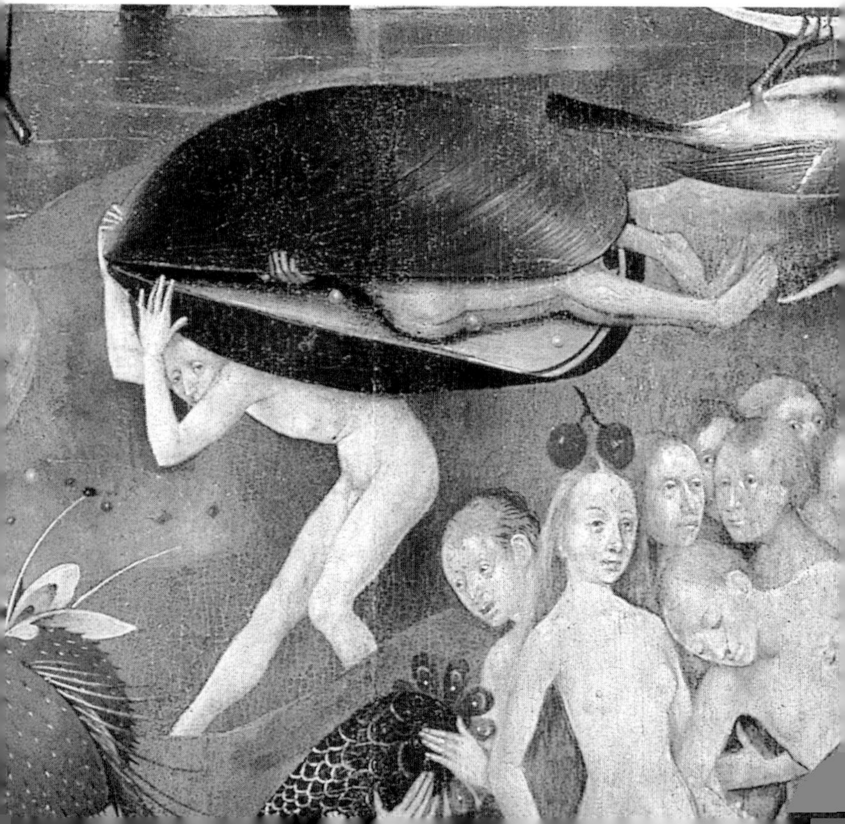

im »Garten der Lüste« die Freiheit zu einer drastischen Bildsprache. In der Überzeugung, daß falsche Scham im Paradies fehl am Platze sei, erfindet der Künstler eine kleine Anekdote, die auf der rechten Seite der Mitteltafel in der Nähe der Hölle zu sehen ist *(Abb. 12)*. Unter einem durchsichtigen Blumenkelch wird eine dickleibige Frau gezeigt, die wie eine Nonne einen Schleier trägt und von einem jungen Mann einem Freund vorgestellt wird. Dieser bringt seinen Abscheu dadurch zum Ausdruck, daß er sich abwendet und die Hand vor die Stirn hält. Klostergelübde stehen demnach bei Bosch nicht eben hoch im Kurs.

Um den gänzlich anderen Charakter der Exkremente im Paradies deutlich zu machen, zeigt der Künstler einen Mann, der sich mit einer Frau in einer gewaltigen Miesmuschel vergnügt und gerade dabei ist, Perlen auszuscheiden *(Abb. 13)*. Nicht weit entfernt davon erkennt man eine Person, die den Anus ihres Nachbarn als Blumenvase nutzt *(Abb. 14)*. Wo alles rein und ohne Schuld ist, spielen die Menschen auch mit wilden Tieren, die wir für gefährlich halten würden. Selbst ekelerregende Lebewesen wie Lurche und Schweine sind von der menschlichen Zuneigung nicht ausgeschlossen. Ebenso scheint eine gewisse Vorliebe für große Fische bemerkbar zu sein, obwohl sonst in Mittelalter und Renaissance Fisch bevorzugt mit den schlüpfrigen und übelriechenden Genitalien in Verbindung gebracht wurde.[47] Im Paradies aber gibt es nichts Verdorbenes.

Um aufzuzeigen, daß Bosch nicht das Paradies, sondern vielmehr den Menschen im Zustand der Sünde zeige, wurde darauf hingewiesen, daß keines der dargestellten Paare Kinder besitze.[48] Der Meinung mehrerer Interpreten zufol-

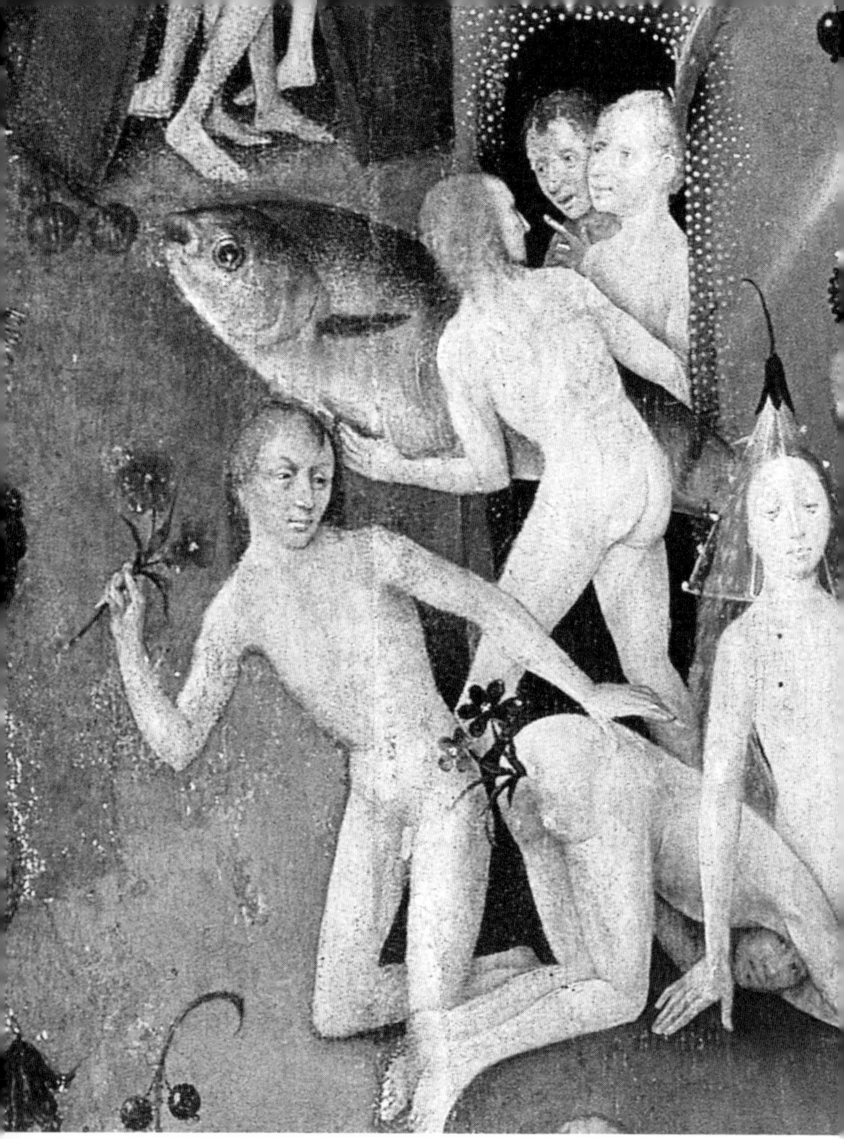

14 Hieronymus Bosch, Der Garten der Lüste, Madrid, Museo del Prado; Detail der Mitteltafel: Blumenstrauß

ge haben wir deshalb Darstellungen der unkeuschen Liebe vor uns. In der Tat: Spielende Putti und Kinder, die zur gleichen Zeit die italienische und italianisierende Kunst erobern, fehlen gänzlich im Motivschatz von Bosch. Hier könnte man entgegnen, daß die zweifellos richtige Beobachtung, daß sich keine Kinder auf dem Bild finden lassen, im Gegenteil darauf hindeuten dürfte, daß sich die Menschen im Paradies nicht vermehren. Deshalb sind auch Schwangerschaft und Niederkunft nicht auf dem Bild zu finden. Aber man darf Boschs Triptychon nicht mit einem theologischen Traktat verwechseln. Ein theologischer Traktat wird jedes einzelne Argument darlegen und Konsequenzen daraus ziehen. Einer bildlichen Darstellung sind in dieser Hinsicht Grenzen gesetzt, steht sie doch immer unter der Vorgabe einer gegenständlich darstellbaren Wahrheit.

Auch wenn die Vorstellung von der Normalität der Empfängnis, der Geburt und dem Heranwachsen der Kinder im Paradies von einer Mehrheit der Theologen vertreten wurde, war sie alles andere als ein Dogma. So konnte man dieser Vorstellung die Lehrmeinungen von Autoritäten wie Gregor von Nyssa und Johannes von Damaskus oder auch die poetische Metaphorik der Mystiker entgegenhalten.[49] In ihrer Verachtung der körperlichen Zeugung verherrlichten sie die Freuden geistiger Fortpflanzung. Im Tierreich glaubten sie bei den Bienen, die Honig aus den Blüten der Blumen saugen, eine Art geistiger Zeugung erkennen zu können, da diese angeblich durch den Tau befruchtet wurden. Wie die Bienen bleibe auch die Geistigkeit von den Nachteilen der Schwangerschaft verschont.[50]

Anscheinend hat Bosch die Einwohner des Paradieses nicht als Menschen in ihrer fleischlichen Hülle zeigen wollen, die einer Bekleidung gleichkäme, sondern als nackte Seelen. Hier muß also ein besonderer Modus der Fortpflanzung zugrunde liegen, der sich aus der Fruchtbarkeit der Schöpfung ergibt. Bosch konnte sich auf den traditionellen Mythos vom Goldenen Zeitalter beziehen, wo von einer verschwenderischen Großzügigkeit der Natur die Rede ist. Dieser Überlieferung nach kamen die Menschen ehemals in hohlen Bäumen und Felshöhlen zur Welt, wie in der *Aeneis* des Vergil nachzulesen war.[51] Doch gemäß dem Grammatiker Servius, der den Vergil-Text im 4. Jahrhundert kommentierte, sollte es sich dabei um einen Irrtum des antiken Dichters handeln.[52] Denn vor der Erfindung der Häuser hätten die Menschen auf Bäumen und in Höhlen gelebt, und so habe jeweils der Eindruck einer Neugeburt entstehen können, wenn sie gerade aus ihrer Bleibe hervorkamen. Es ist aber dennoch nicht unmöglich, daß Vergils Text Bosch inspiriert haben könnte. Dies ist insofern sogar sehr wahrscheinlich, als dadurch für den Maler die Notwendigkeit entfällt, das Paradies mit Säuglingen zu bevölkern. Gegenüber der geläufigeren Vorstellung, daß im Paradies Kinder zur Welt gebracht würden, kann diese Auffassung für sich in Anspruch nehmen, daß sie besser mit der Idee einer nie alternden Menschheit übereinstimmt.

Deshalb zeigt Bosch Gruppen von Menschen, die wie durch Zauberei aus Öffnungen in der Natur oder einem großen Seehorn hervorkommen *(Abb. 15)*. Zudem spricht für diese These, daß wir bereits aus romanischer Zeit verschiedene Darstellungen der paradiesischen

15 **Hieronymus Bosch, Der Garten der Lüste, Madrid, Museo del Prado; Detail der Mitteltafel: Natürlicher Zufluchtsort**

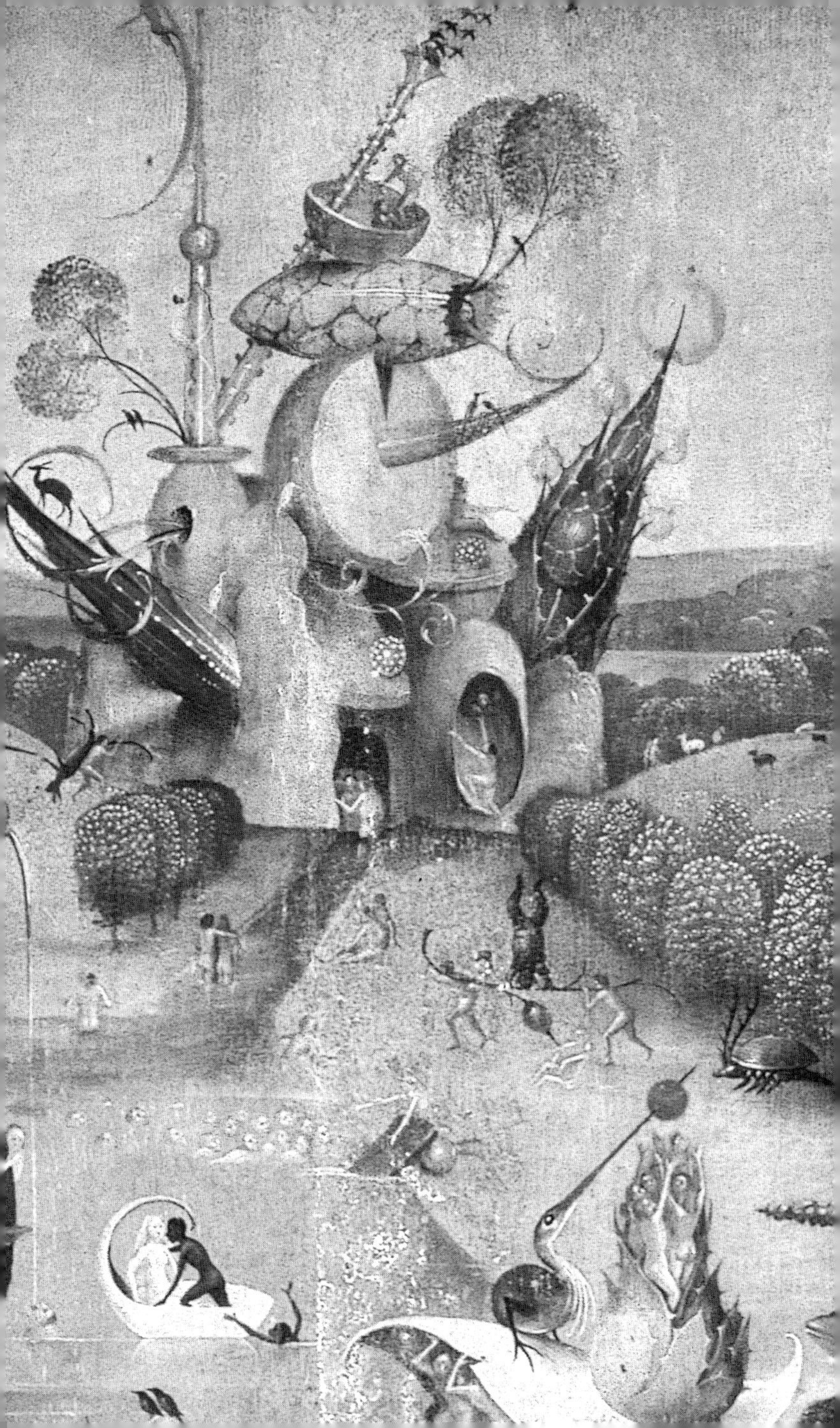

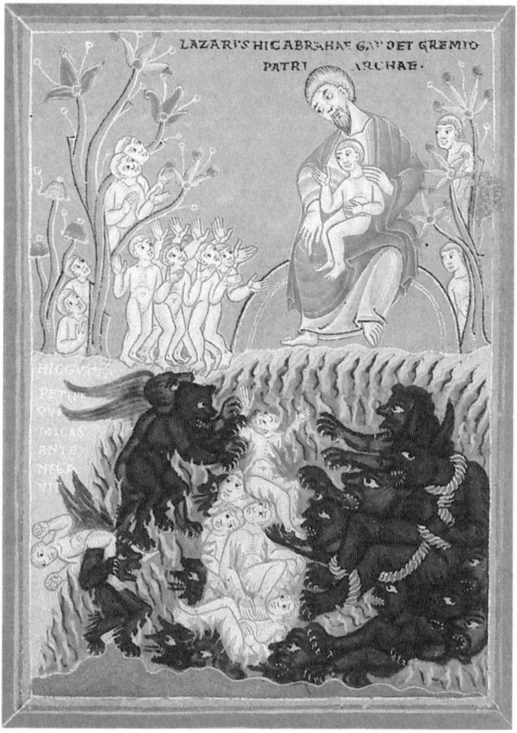

16 **Die Auserwählten im Schoße Abrahams, Perikopenbuch Heinrichs III., Bremen, Universitätsbibliothek, Ms. b. 21, fol. 77r**

Menschheit kennen, deren Geburtsszenen in Blumen und Bäumen angesiedelt sind *(Abb. 16).*[53] Die Frage nach der Zeugung im Paradies macht deutlich, daß zwar mit Hilfe theologischer Konzepte die Möglichkeit besteht, das eigentliche Thema der Mitteltafel zu bestimmen, daß aber die einzelnen von Bosch verwandten poetischen Metaphern nicht bis ins letzte aus dem Werk eines einzigen Autors ableitbar sind. Besonders die Vorstellung einer Mutter Natur, die im Mittelalter allgegenwärtig ist, hat keinen theologischen Ursprung, sondern gehört einer poetisch-philosophischen Tradition an, die sich an der Antike orientiert. Sie setzt im 12. Jahrhundert mit Bernhardus Silvestrus und Alanus ab Insulis ein und lebt im *Rosenroman* fort, von wo aus sie drei Jahrhunderte lang großen Einfluß ausüben kann.[54] Natürlich existieren keine Quellen, die belegen könnten, daß Bosch selbst den *Rosenroman* oder eine seiner Bearbeitungen gelesen hat, aber er hat viele Motive aus dieser Überlieferung und den darin verwendeten und rasch in Mode gekommenen Metaphern verwendet.

Bosch und Jean de Meun

Wie der »Garten der Lüste« verwendet auch der *Rosenroman* das Sujet des Traums und nutzt die damit einhergehende Fiktionalität als Alibi. Beide Werke zeigen die Sexualität im Einklang mit der göttlichen Ordnung und als eine durchweg genußreiche Beschäftigung, indem sie ganz von ihren unangenehmen Nebeneffekten, nämlich dem Gebären und der anstrengenden Aufgabe der Aufzucht absehen. Im Gegensatz dazu werden diese beiden Aspekte in den asketischen Traktaten negativ dargestellt, um von der Sexualität fernzuhalten.[55] Weder der Dichter noch der Maler stellt die sexuelle Vereinigung direkt dar, aber es sind jeweils dieselben Metaphern, die den Akt suggerieren. Im *Rosenroman* wird er durch das Eindringen des Protagonisten in den verschlossenen Garten oder auch durch das Pflücken einer Blume symbolisiert. Der Maler bedient sich der gleichen Metaphorik, wenn er das Bildpersonal in alle nur erdenklichen Öffnungen eindringen läßt und das Sammeln von Blumen und Früchten in den Vordergrund stellt.

Jean de Meun schildert im *Rosenroman* ein paradiesisches Goldenes Zeitalter, für dessen Darstellung er sich im wesentlichen antiker Quellen bedient.[56] Im Gegensatz zu Bosch zeigt er die ersten Menschen in einer Kleidung aus Wolle und Leder; warum die Menschen bei unserem Maler dagegen nackt sein müssen, wissen wir bereits. Doch stimmen beide Entwürfe wieder darin überein, daß die Menschen nicht arbeiten und einen ewigen Frühling genießen, daß sie einander in feinsinniger und aufrichtiger Liebe zugetan sind, daß ihre Nahrung ausschließlich vegetarischer Art ist und daß man in Gruben, Höhlen oder ausgehöhlten Bäumen lebt. In diesem paradiesischen Urzustand gibt es weder politische Macht noch eifersüchtige Ehemänner, die den Körper ihrer Frauen für sich allein besitzen wollen.

Wiederholt stellt Jean de Meun die Zeugung als gottgewollt und alles, was sich ihr entgegenstellt, als teuflisch dar.[57] Jeder Widerstand gegen dieses göttliche Gebot ist im wahrsten Sinne des Wortes widernatürlich und muß damit rechnen, der Sodomie, die als äußerste Form der Auflehnung gegen Gottes Gebot verstanden wurde, gleichgestellt zu werden.[58] Ein Priester namens Genius exkommuniziert im *Rosenroman* jene, die sich nicht der »Messer«, »Bretter«, »Hämmer für den Amboß« und »geschärften Pflugscharen« bedienen, die ihnen die Natur zum Vollzug des göttlichen Gebotes verliehen hat. Von den Sodomiten sagt Genius, daß sie das Pferd von hinten aufzäumen. Eine »Falscher Schein« getaufte Figur bekennt lautstark, bei den Mönchen eingezogen zu sein. Nur selten mildert sie ihre drastische Schimpfrede ab und macht Konzessionen gegenüber einigen wenigen Mönchen, die frei von Heuchelei seien.[59] Die Bettelorden werden insgesamt als Handlanger des Antichristen bezeichnet. Schließlich bezweifelt Jean de Meun sogar, daß die Keuschheit eine göttliche Institution darstelle, was deutlich wird, wenn als Komplizin des »Falschen Scheins« auch noch die Figur der »Enthaltsamkeit« in ungünstiges Licht gerückt wird.[60]

Sieht man einmal von der dicken Nonne ab, die um ihre Aufnahme ins Paradies nachsucht, so sind auf der Mitteltafel des »Gartens der Lüste« keine Spuren eines religiösen Lebens zu erkennen. Hier würde auch niemand nur im Traum daran denken, zu beten. Doch diese vermeintlich ketzerische Aussage entspricht insofern vollkommen der biblischen Überlieferung, als bis zum Auftreten Abels noch keine religiösen Riten existierten, so wie erst mit Kain der Mord, mit Jubal die Instrumentalmusik und mit Noema die Kleidung in die Welt kommen werden.[61] Die Hölle dagegen ist voll von Mitgliedern des Klerus. Mehr noch, die Kleriker sind weniger unter den Verdammten selbst auszumachen (es gibt anscheinend überhaupt nur eine einzige Seele mit Tonsur), sondern sie gehören zu den dämonischen Kreaturen, welche die armen Seelen foltern. Folglich handelt es sich beim Mönchtum nicht um eine göttliche Institution, sondern um eine widernatürliche Erfindung der Menschen, die auf der gleichen Ebene anzusiedeln ist wie die Gesellschaftsspiele und der Krieg.

Wie bereits Jean de Meun macht Bosch aus der Sodomie ein Symbol der Abkehr von der Natur. An entscheidender Stelle, nämlich ganz im Zentrum des Triptychons, wo der Lebensbrunnen prominent angesiedelt ist, erkennt man eine aufschlußreiche Szene *(Abb. 17)*. Halb im Wasser

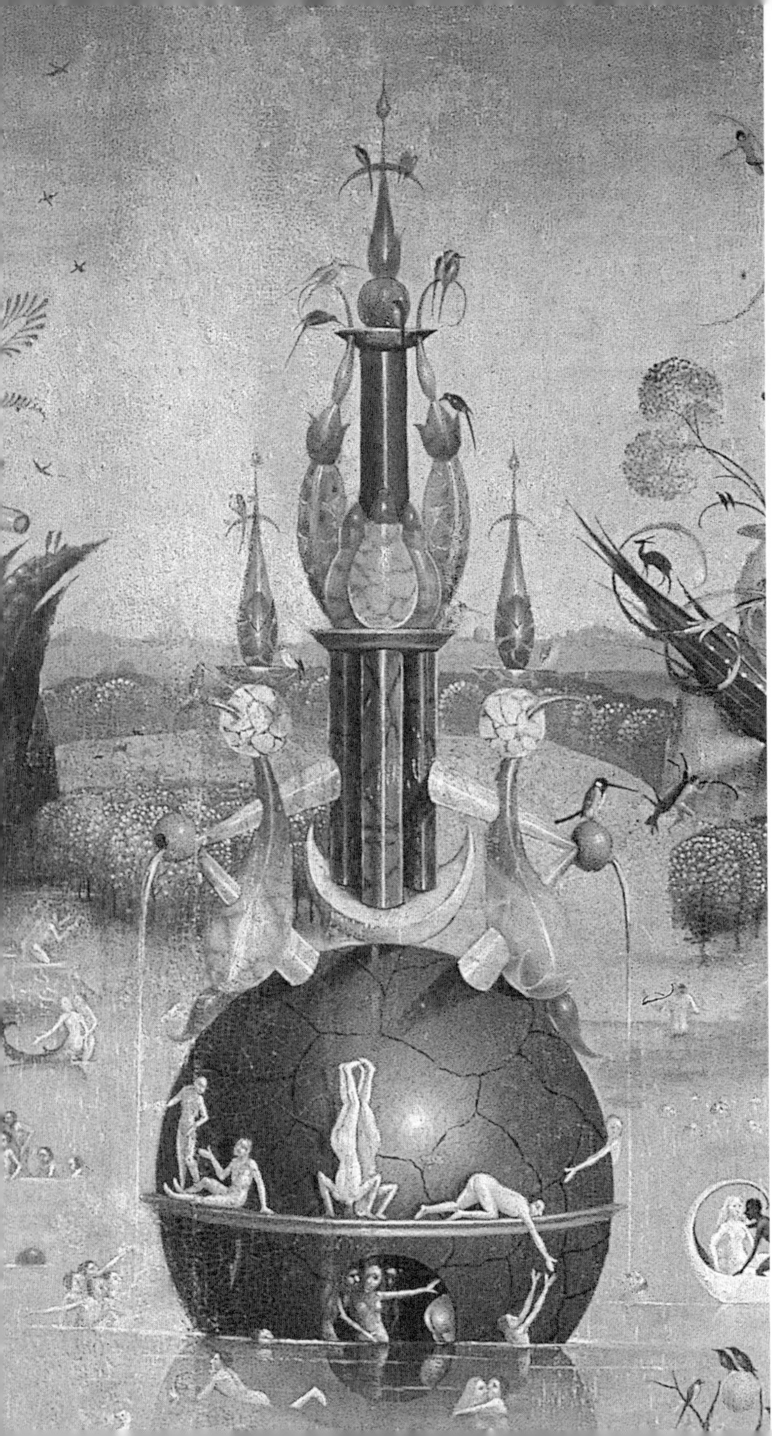

17 **Hieronymus Bosch, Der Garten der Lüste, Madrid, Museo del Prado; Detail der Mitteltafel: Phantastisches Gebäude**

18 **Drolerie, Randzeichnung aus Jacques de Longuyon, Le vœu du paon, um 1349, New York, The Pierpont Morgan Library, Ms. G. 24, fol. 70 (Detail)**

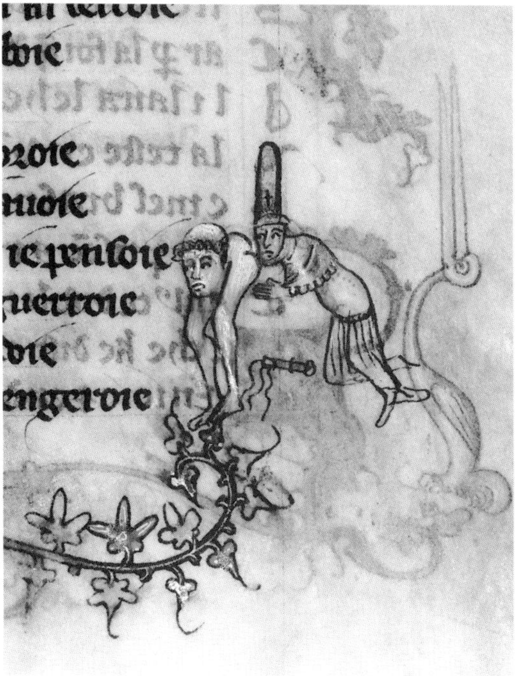

stehend läßt sich eine Frau ihre Scham von einem Liebhaber streicheln, während ihr ausgestreckter Arm eine Person zurückstößt, von der man nur das große Hinterteil wahrnimmt. Das drastische Angebot, das die abgewiesene Figur ihr offenbar über ihren Hintern macht, ist für die mittelalterliche Kunst nichts Ungewöhnliches. Gemeinhin geht es mit einem obszönen Kuß einher, dem »osculum infame«. Eine Praxis im übrigen, die Häretikern und später Hexen zugeschrieben wurde. Die mittelalterliche Kunst läßt dieses Sujet nur in untergeordnetem Zusammenhang zu: Man begegnet dem Motiv in den Randzeichnungen der Buchmalerei *(Abb. 18)* und an den Miserikordien* von Chorgestühlen.[62]

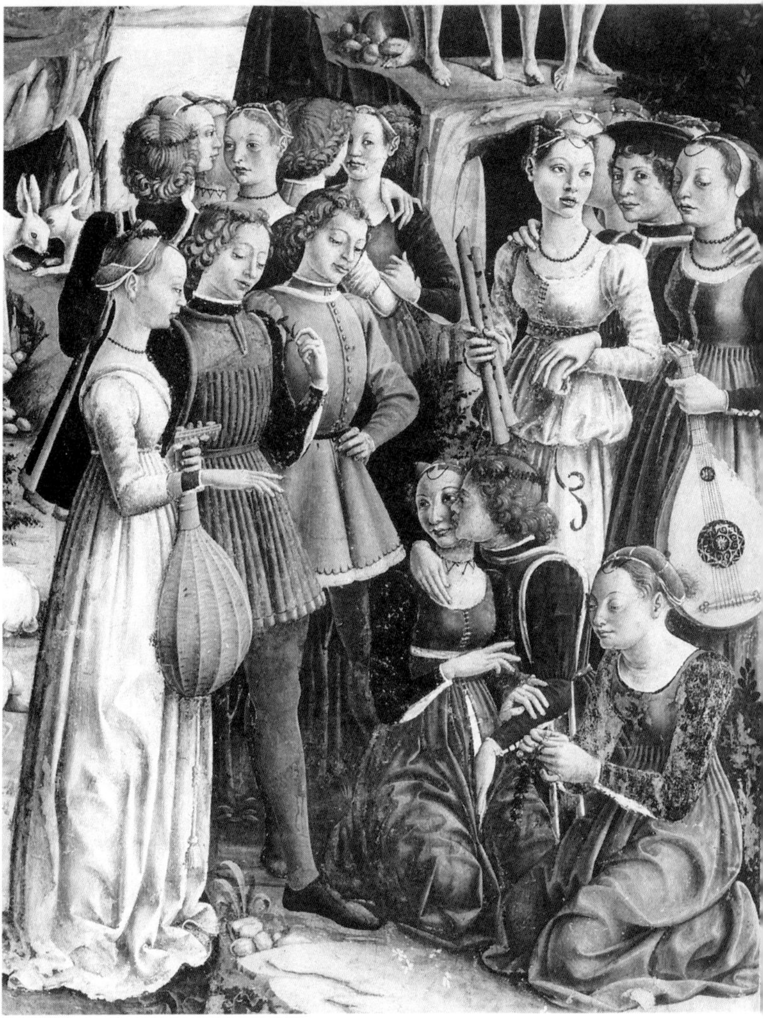

Im Gegensatz dazu hält die Darstellung sexueller Freizügigkeit, wo sie dem göttlichen Gebot der Fruchtbarkeit folgt, durchaus Einzug in höhere Kunstgattungen; so etwa in das berühmte Fresko des Monats April von Francesco Cossa im Palazzo Schifanoia zu Ferrara *(Abb.*

19 **Francesco Cossa, Der Monat April (Detail), Fresko, Ferrara, Palazzo Schifanoia, Sala dei Mesi**

19). Bosch hat demnach im Zentrum seines Bildes eine Frau dargestellt, die dem Gesetz der Natur gehorcht und sich vor einem Angebot scheut, das direkt in die Hölle führen würde.
Eindeutig verweist denn auch der anthropomorphe Baumstumpf, der die Hölle beherrscht, auf die Sodomie *(Abb. 20)*. Der Hohlraum eines Baumes soll zwar zuweilen Assoziationen an die Vulva wecken, aber auch an den Hintern, und es ist in der Tat der offene Anus, der sich hier dem Betrachter entgegenstreckt.[63] Immer wieder spielt Bosch mit erotischen Motiven, die sich zu einer zusammenhängenden Aussage verbinden lassen. Im Niederländischen wird eine Höhlung im Baum »aarsgat« genannt, was am passendsten mit »Arschloch« zu übersetzen wäre.[64] Gleichzeitig evoziert der Bauch des Monsters einen zerbrochenen Krug, ein gängiges Symbol für schlechten Lebenswandel und für Sterilität.[65] Der Krug seinerseits verweist unter dem Namen »Nobiskrug«, der ebenfalls die Bedeutung »Hölle« hat, auf die Schenke.[66] Ist auch in der Regel von solchen ikonographischen Annäherungen methodisch eher abzuraten, weil sie mit einer gewissen Notwendigkeit vom Hölzchen aufs Stöckchen und letztlich zu den willkürlichsten Deutungen führen, so liegt der Fall hier doch anders: Die Höllenmotive des abgestorbenen und sterilen Baums, des durchlöcherten Hinterteils und der Taverne verweisen zusammen auf ein absonderliches, gotteswidriges Handeln.
Die Annäherung von Analverkehr und Unfruchtbarkeit findet sich auf Boschs Tafel mehrfach. Einem Faß ohne Boden gleich verschlingt ein großer Satan Verdammte, die er durch ein Loch in seinem Stuhl sofort wieder ausscheidet *(Abb. 21)*. Er bringt dergestalt un-

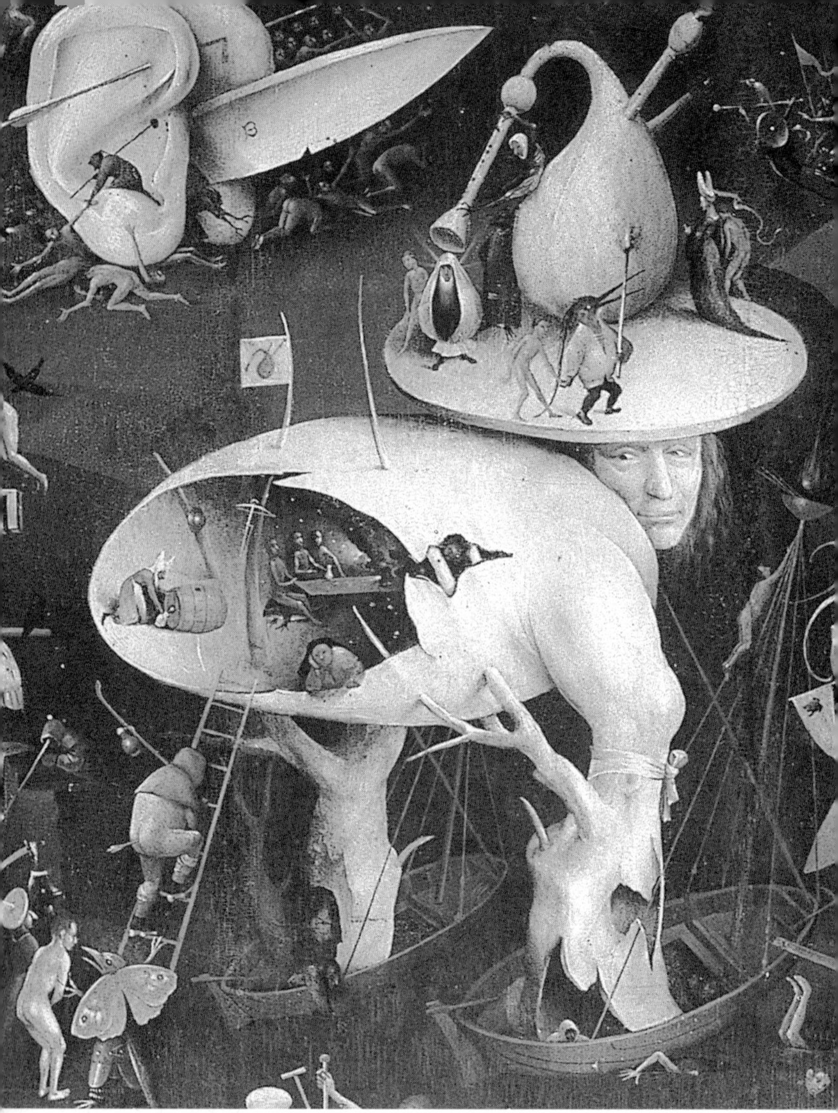

verdaut wieder hervor, was er zuvor heruntergewürgt hat. Das gleiche Phänomen begegnet uns bei den Verdammten, die Geldstücke und Vögel ausscheiden. Wie schon im Paradies, so gibt es auch in der Hölle keinerlei Verwesung,

20 **Hieronymus Bosch, Der Garten der Lüste, Madrid, Museo del Prado; Detail des rechten Innenflügels: Der tote Baum**

21 **Hieronymus Bosch, Der Garten der Lüste, Madrid, Museo del Prado; Detail des rechten Innenflügels: Satan**

weil auch sie sich außerhalb der irdischen Zeit befindet. Das höllische Feuer verbrennt, ohne zu zerstören. Zu Füßen des Satans sitzt eine Frau, die in formaler Analogie zur Adamsfigur auf der gegenüberliegenden Tafel gestaltet ist. Sie betrachtet sich in einem Spiegel, der am Ge-

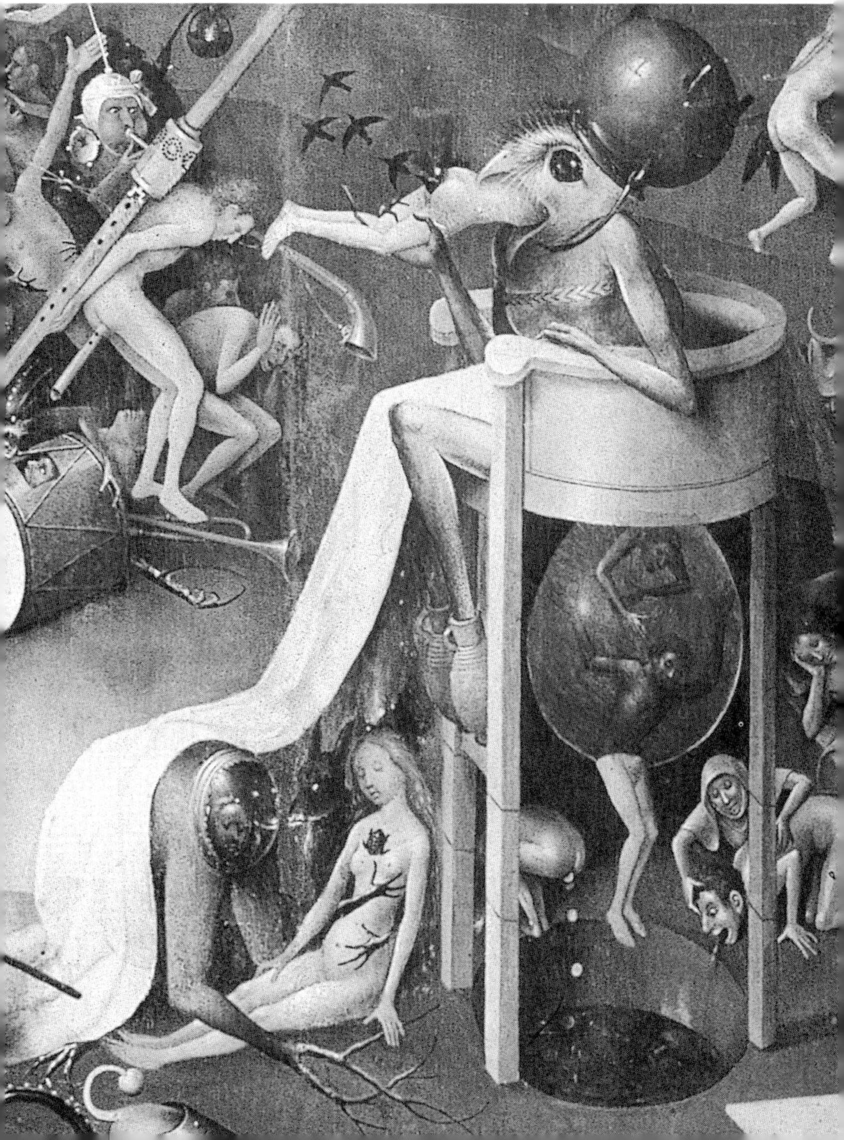

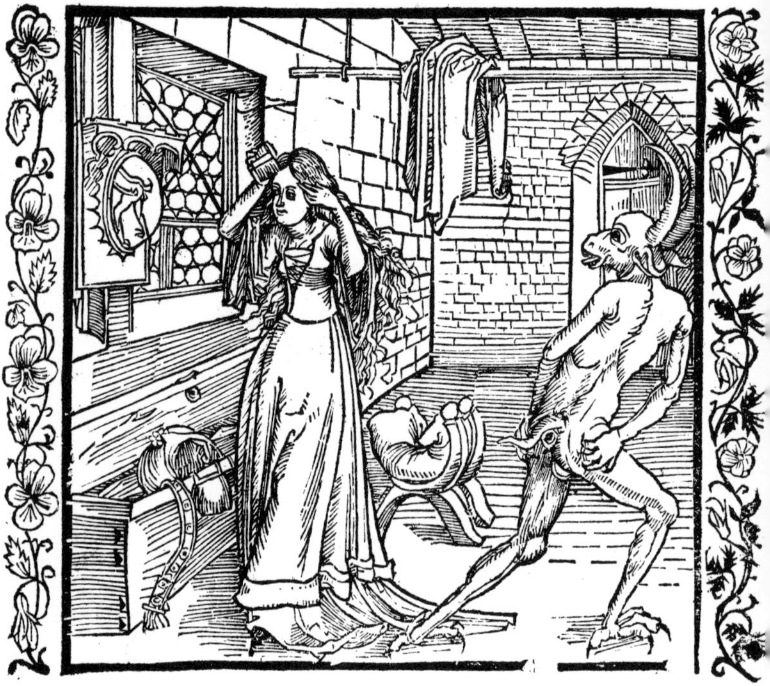

säß eines Dämons in Baumgestalt befestigt ist, während sie gleichzeitig ein anderer Teufel von hinten bedrängt. Die negative Bedeutung des Spiegels wird jedoch nur teilweise durch den üblichen Hinweis auf das Laster der Hoffart erklärlich, wie es Bosch selbst in den »Todsünden« dargestellt hat. Man denke auch an den Holzschnitt Dürers zum *Ritter vom Turn (Abb. 22)*.[67] Im *Rosenroman* findet dieses Symbol mit Rücksicht auf den Mythos von Narziß Eingang, der dafür bestraft wird, daß er sein Spiegelbild der Liebe einer Nymphe vorgezogen hat.[68] Guillaume de Lorris macht daraus eine Lektion, die hochnäsige und prüde Damen, welche die Annäherungsversuche ihrer Verehrer zurückweisen, Gehorsam lehren soll. Ähnlich präsen-

22 **Albrecht Dürer, Die Frau mit dem Spiegel, Holzschnitt aus: Der Ritter vom Turn, Basel 1493, München, Bayerische Staatsbibliothek, Rar. 631, fol. 20r**

tiert Bosch die Weigerung der Frauen, dem Liebesgebot nachzukommen, als verdammungswürdige Tat und konfrontiert sie mit der Darstellung des göttlichen Gebotes selbst auf der gegenüberliegenden Tafel.

Von Jean de Meun zu Luther

Die unfruchtbaren, von den Menschen erfundenen Tätigkeiten werden also mit der Fruchtbarkeit der von Gott in den Dienst des Menschen gestellten Natur konfrontiert. Im *Rosenroman* wird diese Fruchtbarkeit durch die Schmiede der Natur symbolisiert. Bosch bleibt der biblischen Tradition näher, indem er gemäß Genesis Vers 2,6 (»Et fons ascendebat de terra – Es entstehe ein festes Gewölbe inmitten der Wasser«) den oben schon erwähnten Brunnenquell, interpretierbar als riesenhafte Gebärmutter und fruchtbare Quelle allen Lebens, genau in der Mitte des Paradieses plaziert.[69] Eine der interessantesten Parallelen zu diesem Motiv ist die Metapher des Feuerofens der Natur auf einer großartigen Miniatur des Jean Perréal *(Abb. 23)*.[70] Perréal illustriert damit sein eigenes Gedicht »Natura beklagt sich beim irrenden Alchemisten« von 1516. Der Alchemist hat sich von seiner Feuerstelle und seinen Reagenzgläsern abgewendet und betrachtet aufmerksam die nackte Allegorie der Natur, zu deren Imitation ihm seine vernachlässigten Gerätschaften dienen sollen. Natura selbst sitzt auf einer eigenen Feuerstelle, was der Betrachter für einen freizügigen Scherz halten könnte, wenn dem nicht der zurückhaltende und distinguierte Stil des Textes entgegenstünde. Die Feuerstelle ist in einem

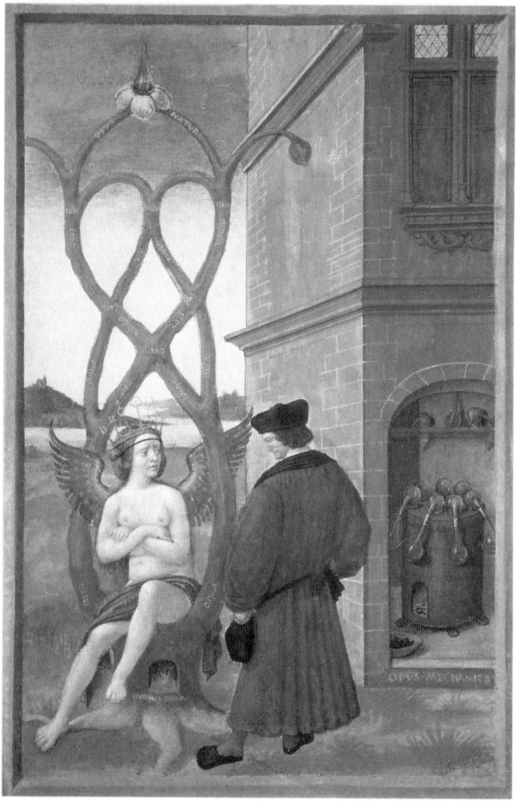

23 **Jean Perréal, Dialogue entre l'Alchimiste et la Nature, 1516, Miniatur auf Pergament, Paris, École nationale supérieure des beaux-arts, Ms. 3220, fol. 6**

grünenden Baum verborgen, dessen seltsam verwachsenes Geäst einer architektonischen Formbildung ebenso vergleichbar ist wie den Brunnenaufbauten Boschs. Bei Perréal enthält der Unterbau einen brennenden, bei Bosch einen feuchten Hohlraum; in beiden Fällen tritt ein aufrechter, genauer gesagt phallischer Aufbau hinzu.

Vor allem erlaubt es die Miniatur von Perréal, ein Mißverständnis auszuräumen, das seit langem durch die Forschungsliteratur zu Boschs Werk geistert: nämlich die alchemistische Interpretation des »Gartens der Lüste«. Dieser An-

satz wird zum einen von Autoren vertreten, die es vorziehen, die Alchemie auf bekannte Werke zu projizieren, statt der schwerer begreiflichen alchemistischen Ikonographie selbst nachzugehen.[71] Zum anderen beruht er auf falschen Analogieschlüssen. Zwar erinnern die konkaven und aufstrebenden Formen, die Bosch offenbar sehr schätzte, an Reagenzgläser und Glaskolben, doch stellen sie deshalb solche noch längst nicht auch tatsächlich dar. Im Gegenteil, die zeitgenössische Chemie verfuhr getreu dem Gesetz der Nachahmung der Natur, indem sie von dieser die Formen für ihre Instrumentarien entlieh, um dadurch, so die Spekulation, an der Fruchtbarkeit der Natur teilzuhaben. Das zeigt das Beispiel Perréals deutlich genug. Folglich besteht die einzige Beziehung zwischen den phantastischen Entwürfen Boschs und der Alchemie darin, daß sie beide, jeweils auf ihre Art, die Natur imitieren. Alle weiteren Vermutungen über esoterische Gehalte von Boschs Werk sind zweifellos als okkultistisches Geschwätz abzutun.
Erinnern wir uns noch einmal der Interpretation von Sigüenzas Zeitgenossen. Deren Häresieverdacht kam der Wahrheit weitaus näher. Denn in der im frühen 16. Jahrhundert noch nicht allzu streng lutherischen Welt lebt ein mittelalterlicher Naturalismus fort, wie ihn sowohl der *Rosenroman* als auch der »Garten der Lüste« vertreten. Der mit Luther befreundete Maler Lucas Cranach zum Beispiel studierte Bosch während seines niederländischen Aufenthaltes von 1508 und kopierte dort das Wiener »Weltgericht« *(s. Abb. 34)*.[72] Vielleicht hat er auch den »Garten der Lüste« – ob vollendet oder nicht – gesehen, denn um 1530 scheint ihn dieses Werk in seinen eigenen Produktionen zu beeinflus-

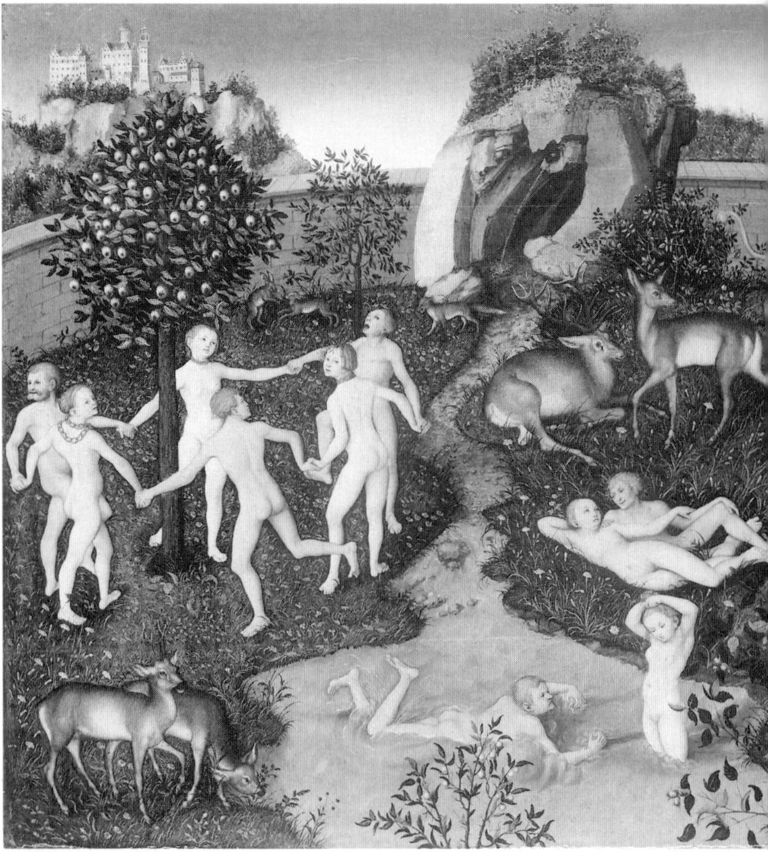

sen. In gewisser Weise bildet nämlich das heute in Oslo befindliche »Goldene Zeitalter« des Wittenberger Hofmalers *(Abb. 24)* geradezu ein Resümee der Tafel von Bosch. Ohne auf die streunenden Tiere zu achten, tummeln sich auf diesem Bild Männer und Frauen beim Verzehr von Früchten in einem ländlichen Garten. Ein Brunnen, der an ein weibliches Geschlechtsorgan erinnern könnte, bewässert ihn. Aber das Schloß im Hintergrund, die Gartenmauer und die Halsketten, welche die ansonsten unbeklei-

24 **Lucas Cranach d. Ä., Das Goldene Zeitalter, 1530, Öl auf Holz, 75 x 103,5 cm, Oslo, Nasjonalgalleriet**

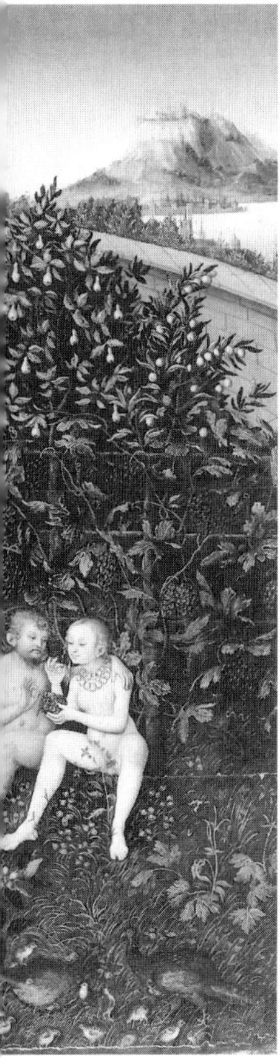

deten Frauen tragen, lassen weniger an das Paradies als an eine ausgelassene Landpartie denken. Die adelige Gesellschaft des sächsischen Hofes ahmt hier die Ursprünglichkeit der Menschen des Goldenen Zeitalters nach.

Als Luther sich an eine literarische Beschreibung des verlorenen Paradieses macht, führt ihn seine Phantasie in die gleiche Richtung, in die sich Bosch und Cranach bewegt haben. Folgt man dem Theologen, so handelte es sich dabei um ein weites Land, vielleicht sogar um die gesamte Erde. Dort habe man so frei wie in Sodom gelebt. Ohne den Sündenfall Adams wären wir alle »gewesen wie junge Gesellen, die nackt und bloß herumspringen. Kein Zimmermann, Maurer, Haus etc. wäre vonnöten gewesen.«[73] Hinzu kommt, daß die Menschen beim Eintritt ins Paradies von den Bedrohungen der irdischen Umwelt befreit sein würden: »Kröten, Schlangen und giftige Tiere werden nicht mehr danach trachten, uns zu schaden. Sie werden zutraulich und liebenswert sein, und wir werden uns damit vergnügen, mit ihnen zu spielen.«[74]

Während die Katholiken die Tragweite des göttlichen Gebotes der Fruchtbarkeit und Vermehrung einzudämmen suchen und behaupten, daß, wenn sich die Weisung zur Vermehrung wirklich an alle Menschen gewandt hätte, Christus selbst ungehorsam gewesen wäre, so stößt man im Gegenzug bei Luther auf die Behauptung, daß der Erlöser mit mindestens drei Frauen intim verkehrt habe: mit der Samariterin, mit Maria Magdalena sowie mit der Ehebrecherin.[75] Mit der sächsischen Reformation ist das bis dahin der Dichtung und der Kunst vorbehaltene Lob der Fortpflanzung bei gleichzeitiger Verachtung des Klerus zu einem Bestandteil theologischer Lehre geworden.

Nicht nur der »Garten der Lüste«, sondern auch die religiöse Haltung Heinrichs von Nassau, der mit der allergrößten Wahrscheinlichkeit der Auftraggeber unseres Bildes war, läßt sich dieser Tradition zuordnen. Als die Ideen Luthers die Niederlande zu überfluten drohten, wies Heinrich von Nassau die Bitten der Dominikaner um ein strengeres Vorgehen mit dem Rat zurück, sie möchten doch lieber selber wie lutherische Geistliche predigen.[76] Schon auf dem Wormser Reichstag hatte er Glapion, den Beichtvater Karls V., davon zu überzeugen versucht, dieser möge sich für Luther einsetzen. Wenn er im folgenden dennoch die Protestanten bekämpfte, so tat er dies als Gefolgsmann des Kaisers und weil er diesen nicht von einer grundsätzlich anderen Politik hatte überzeugen können.

Der Aufbau des Triptychons

Im Mittelalter wurde die einst heidnische Personifikation der Natura in das Amt einer Stellvertreterin Gottes berufen. Die antike Göttin nahm gewissermaßen die Stellung eines Kämmerers in der Schöpfung Gottes ein. Seit dem 13. Jahrhundert ging dieses Motiv mit einer lebhaften Kritik am geistlichen Stand einher, die schließlich in die Reformation mündete. Der »Garten der Lüste« hat an dieser wichtigen historischen Entwicklung Anteil. Die bisher angestellten Vergleiche haben es uns erlaubt, den eher allgemeinen Gehalt des Triptychons näher zu bestimmen. Bosch wählt die Form des Altaraufsatzes, um einen Hymnus an die Natur ins Bild zu setzen. Er leitet ihn durch einen Schöpfungsbericht ein, und wie Guillaume de Lorris greift er auf die Rhetorik des Traumes zurück, um die Sprengkraft seines Entwurfes zu entschärfen.

Vor der nun folgenden Untersuchung des formalen Aufbaus der Tafeln sei eingangs noch eine Schwierigkeit bei der Lektüre des Programms benannt: In der christlichen Kunst hat das Links-Rechts-Schema zwei verschiedene Funktionen zu erfüllen. Es entspricht einerseits der gängigen Leserichtung insofern, als links dargestellte Situationen denen der rechten Seite in der Regel zeitlich vorausliegen. Es erlaubt andererseits aber auch eine Hierarchisierung des Bildpersonals, so daß etwa in Darstellungen des Jüngsten Gerichts die Gerechten zur rechten Hand Gottes und die Ungerechten zu seiner Linken stehen. Sofern ein Polyptychon* einen klar erzählenden Charakter hat, ist für den Betrachter leicht einzusehen, daß die Leserichtung einer Chronologie im Sinne einer zeitlichen Abfolge entspricht. Darüber hinaus wird der Betrachter die Bildachse bei einem Jüngsten Gericht oder etwa bei einer Darstellung der Muttergottes mit Heiligen auf ihr Bedeutungszentrum hin, also in hierarchischem Sinn gelesen haben.

Aber nicht immer liegt die Bedeutung der Komposition so klar auf der Hand; nicht immer läßt sich den Bildern ein einfach zu erkennendes formales Schema zum besseren Verständnis der Bildlektüre entnehmen. Das hängt damit zusammen, daß in der christlichen Kunst die erzählende Malerei nicht in allen Fällen von einer bloß repräsentativen Darstellung etwa von Heiligen unterschieden werden kann. Es gibt eine Fülle von Bedeutungsnuancen zwischen einer Darstellung der Kreuzigung und einem Bild des Gekreuzigten, zwischen einer Darstellung der Kreuzabnahme und einem Vesperbild*. Darüber hinaus werden in der Malerei der Zeit um 1500 die einzelnen Tafeln eines Polyptychons insofern zu einem einzigen Bild vereinheitlicht, als über die Architekturen oder Landschaftshintergründe die Tafeln zu einer Gesamtkomposition verschmelzen und auf diese Weise eine Einheit von Raum und Zeit vermitteln. Genau diese Entwicklung läßt sich auch im »Garten der Lüste« beobachten.

Vor dem geöffneten Triptychon kann sich der Betrachter für zwei Lesarten entscheiden. Angesichts der Schöpfungsszene auf der linken Seite kann er in chronologischer Lesart die drei Szenen als eine Geschichte der Menschheit mit üblem Ausgang lesen. Aber in Anbetracht der Kontinuität der Landschaft und der formalen Analogien mit Boschs Darstellung des »Jüngsten Gerichts« *(s. Abb. 34)* kann er auch auf eine Gleichzeitigkeit der drei Szenen schließen. Die Menschheit auf der Mitteltafel stünde dann, vergleichbar der mythologischen Gestalt des Herkules, welcher zwischen dem Pfad der Tugend und des Lasters zu wählen hat, vor der Alternative von Paradies und Hölle.

Ohne Frage hätten Bosch die künstlerischen Mittel zur Verfügung gestanden, für den Betrachter nur eine dieser beiden Lesarten vorzugeben, also eine eindeutige zeitliche Abfolge des Geschehens oder aber die Gleichzeitigkeit des Dargestellten zu betonen. Es ist insofern anzunehmen, daß die Doppeldeutigkeit der Anordnung unserer Tafeln als bewußte gestalterische Maßnahme gewertet werden muß. Vergegenwärtigen wir uns vor diesem Hintergrund die erzählerischen Konsequenzen, die mit dem formalen Aufbau des Triptychons einhergehen.

Die Werktagsseite des Altaraufsatzes, demnach die Ansicht bei geschlossenem Zustand, und, bei geöffnetem Zustand, die linke und mittlere Tafel geben unter Zuhilfenahme der zugrundeliegenden Texte eine diachrone, längs der Zeitachse orientierte Leserichtung vor: 1. Der dritte Schöpfungstag, 2. Die Hochzeit von Adam und Eva, 3. Die Fiktion einer schuldlos gebliebenen Menschheit im Paradies. Die rechte Tafel könnte dann als faktische Fortsetzung der biblischen Geschichte angesehen werden. Nach dem Sündenfall der Stammeltern hat die Menschheit den Krieg und den Klerus ins Leben gerufen sowie Untreue, Völlerei und Unzucht getrieben, wodurch die irdische Welt zur Hölle geworden ist. Doch nicht nur der formale Aufbau des Triptychons, sondern auch zwei kleinere, oben bereits genannte Details ermuntern den Betrachter zu einer vergleichenden Lektüre. Da ist einmal die Szene zu nennen, die sich im Brunnenhaus abspielt und in der eine Frau gerade zwischen natürlichem und widernatürlichem Geschlechtstrieb, zwischen göttlichem Gebot (linke Tafel) und Ungehorsam (rechte Tafel) wählt *(s. Abb. 17)*. Hinzu kommt die Szene, die uns das Zerrbild einer auf die Mitteltafel verirrten Nonne vor Augen hält *(s. Abb. 12)*. Die Darstellung einer mit Gott im Einklang stehenden, vermeintlich »natürlichen« Sexualität vereint die linke und die mittlere Tafel, was die Kontinuität warmer Frühlingsfarben erklärt, während die Hölle für den falschen Weg ein Schreckensszenario in Aussicht stellt. Daraus darf man folgern, daß die Freuden der Liebe gottbefohlen sind, die perversen Erfindungen hingegen dem Menschen durch den Teufel eingegeben wurden.

Schwieriger wird die Sachlage allerdings, wenn

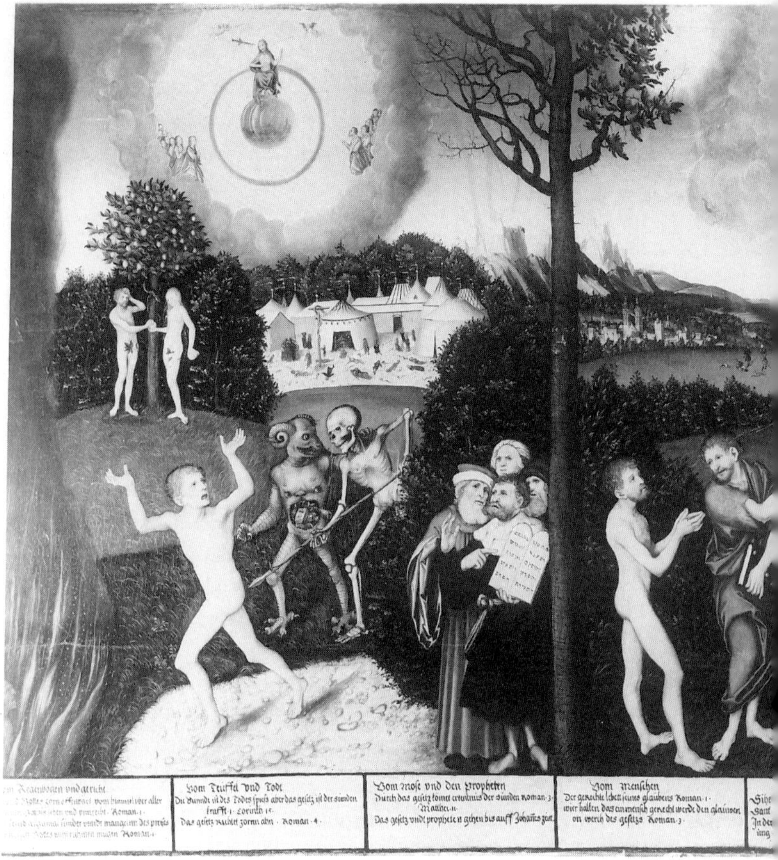

eine Interpretation auch dem irrealen Charakter der mittleren und rechten Tafel Rechnung tragen will. Jedoch erlaubt die Kenntnis der zeitgenössischen literarischen Gewohnheiten, auch hier mehr Klarheit zu schaffen. Ein Vergleich mit dem fast gleichzeitig entstandenen *Lob der Torheit* des Erasmus von Rotterdam drängt sich wiederum auf. Denn auch der Inhalt dieses kleinen Buches sollte für den Leser ambivalent bleiben. In Anbetracht einer verrückten und lügenhaften Welt hieße es verrückt zu sein, wenn

25 **Lucas Cranach d. Ä., Sündenfall und Erlösung, 1529, 80 x 115 cm, Gotha, Schloßmuseum**

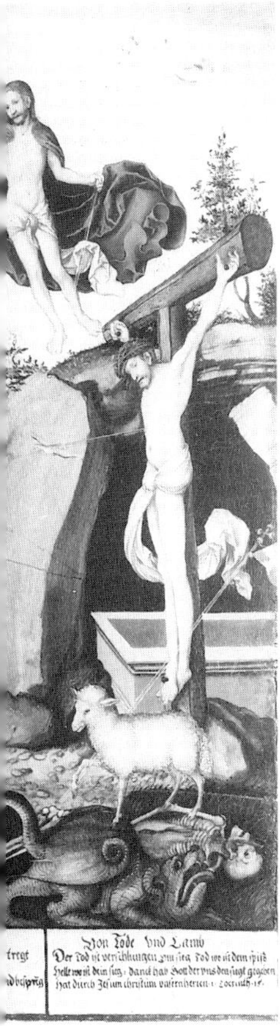

man die Wahrheit sagt, weshalb die Kritik der Narretei dem Mund der Torheit selbst entspringt. Die Folge ist, daß dieses literarische Werk übereinanderliegende Schichten des Irrealen vereint, insofern – das gilt gleichermaßen für Grammatik und Logik – die Verneinung einer Verneinung wieder in Affirmation umschlägt.

Gehen wir also davon aus, daß das Universum der Mitteltafel eine bloße Möglichkeit, eine irreale Welt darstellt, so muß deren Negation durch die Erfindungen der Menschen auf der rechten Tafel wohl dem traurigen Stand der Dinge in der Wirklichkeit entsprechen. Boschs durch Nacktheit und Winzigkeit des Bildpersonals als fiktiv ausgewiesene Hölle ist wie die Rede der Torheit eine Negation der paradiesischen Fiktion und derart ein wahrhaftiges Porträt der Menschheit. Die wirkliche Hölle ist auf Erden, nicht im Jenseits zu suchen. Bei einer solchen Deutung handelt es sich sicherlich nicht um eine Überinterpretation. Nur jenen Historikern kann die indirekte Vermittlung von Wahrheit durch eine doppelte Verneinung und die Verschränkung von Synchronie und Diachronie als zu gesucht erscheinen, die eine Untersuchung der theologischen und künstlerischen Produktion der Epoche durch Gemeinplätze über volkstümliche Mentalitäten ersetzen und dabei unfähig sind zu erkennen, daß die Kultivierung subtiler Feinsinnigkeiten zu den bestimmenden Zügen des ausgehenden Mittelalters zählt. Während die Dialektik von Negation und Affirmation in den Strategien der zeitgenössischen Literatur ein genaues Spiegelbild hat, ist das Spiel mit den Ebenen der Bedeutung von Raum und Zeit nur in der bildenden Kunst gebräuchlich. Es geht auf die antithetische Darstellung von Ecclesia und Synagoge zurück und mündet in Diptychen des Sündenfalls und der Erlösung wie jenen, mit denen Cranach ab 1529 die protestantischen Kirchen schmückt *(Abb. 25)*.[77] In beiden Bildthemen scheidet die Links-Rechts-Achse das Vorher und Nachher voneinander, genauer den Alten und den Neuen Bund, verweist aber ebenso auf die stets aktuelle Wahl des Gläubigen zwischen der Blindheit des Gesetzes und dem Licht des Glaubens.

Die Schöpfung der Welt

Nachdem wir für die weitere Analyse den Rahmen bestimmt haben, können wir zu einer detaillierteren Interpretation einzelner Motive der Tafeln zurückkehren. Die in Grisaille gemalte Werktagsseite weist keine ikonographischen Besonderheiten auf, allenfalls die üppige Vegetation und die – oben bereits angesprochenen – scheinbar mehrdeutigen Felsen. Im wesentlichen hält sich Bosch an eine konventionelle Sicht des dritten Schöpfungstages, wie sie ihm die Schedelsche Weltchronik vermittelt haben könnte. Auch dort erkennt man den thronenden Gottvater, die aus Psalm 32,9 oder 142,5 übernommene Inschrift und die in Kreisform dargestellte Welt *(Abb. 26 und 27)*.[78] Ernst Gombrich hat darauf hingewiesen, daß in der Sphaira der Werktagsseite der Reflex eines schwarzweißen Regenbogens wahrzunehmen sei und darin ein Symbol des Bundes der Menschen mit Gott gesehen werden könnte. Aber das heißt noch nicht, daß es sich hierbei um den Zustand der Welt nach der Sintflut handelt. Interessant ist auf der Werktagsseite der Einsatz

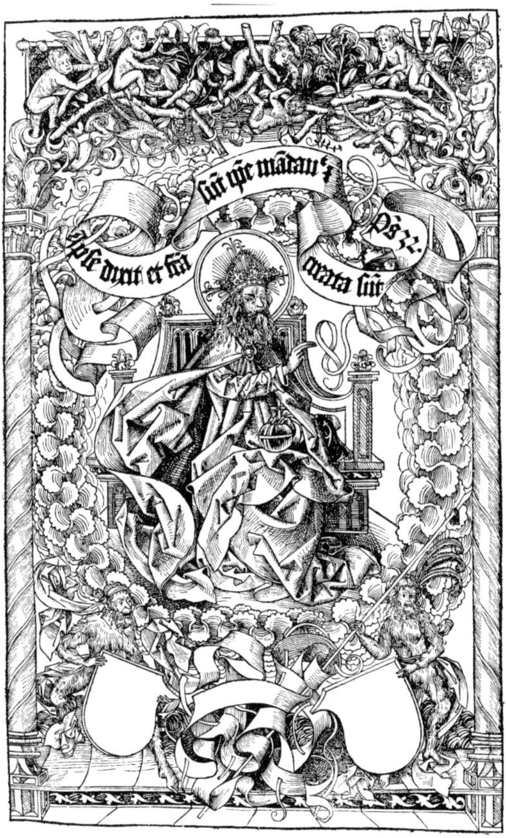

26 **Holzschnitt aus Hartmann Schedel, Weltchronik, Nürnberg 1493, fol. 1v: Gottvater**

27 **Hieronymus Bosch, Der Garten der Lüste, Madrid, Museo del Prado; Detail der Außenseite: Gottvater**

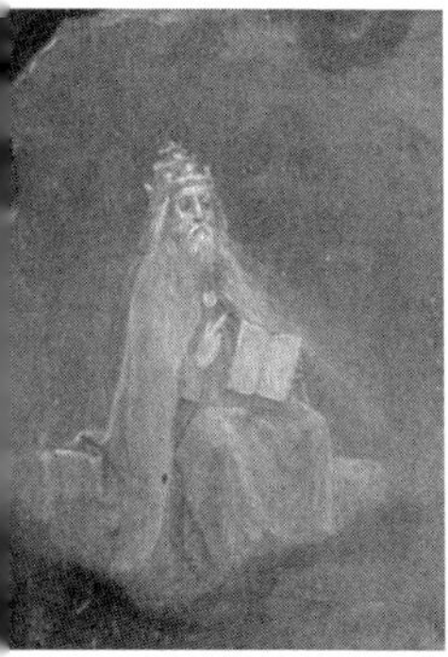

der Grisaillemalerei, die Gottvater oberhalb einer noch reglosen Welt darstellt; dieser Anbeginn der Zeiten steht in auffallendem Gegensatz zur linken Tafel der Innenseite. Bosch kontrastiert den farblosen Beginn allen Lebens mit einem in warmen Frühlingsfarben leuchtenden Paradies, aber ebenso mit der dunklen Kälte einer chaotischen und sterilen Hölle. So erscheinen die frühlingshaften Szenen wie eine »mediocritas aurea«, wie eine goldene Mitte zwischen dem Mangel und dem Exzeß elementarer Kräfte.

Der schon erwähnten Schedelschen Weltchronik scheinen auch der Drachenbaum und die Palme auf der linken Innentafel entlehnt zu sein *(s. Abb. 8)*. Der Drachenbaum mit seiner wunderlichen Gestalt verweist auf den Baum des Lebens, während die Palme hier den Baum der Erkenntnis darstellt.[79] Darauf deutet auch die Schlange hin, die sich um den Stamm ringelt. In der »Flucht nach Ägypten« von Martin Schongauer wird dieser Baum Maria zugeordnet, in der Schedelschen Weltchronik hingegen Eva. In diesem Zusammenhang fällt weiterhin auf, daß Bosch mariologische Anspielungen strikt vermeidet: Wie erwähnt, verzichtet er auf einen verschlossenen Paradiesgarten und stellt, genau wie Dürer in seinem berühmten Kupferstich »Adam und Eva« aus dem Jahr 1504, den Lebensbaum auf der Seite des Mannes dar *(Abb. 28)*.[80] Beide Künstler zeigen in der Nähe des ersten Menschenpaares Katze und Maus als Symbole des Liebesaktes sowie ein Kaninchen – bekanntlich eine nicht minder gebräuchliche Anspielung auf die Fruchtbarkeit.

Adam ist gerade aufgewacht und sitzt noch auf dem Boden, während Gottvater ihm bereits Eva zuführt. Man meint an ihrer Haltung noch die Steifheit der Rippe, aus der sie entstanden ist, ablesen zu können. Im Vergleich mit den geläufigen Darstellungen der Schöpfung Evas, etwa der des Wiener Triptychons *(s. Abb. 34)*, springt aber vor allem ins Auge, daß Bosch es vorzieht, die zarte Silhouette Evas um 180 Grad zu drehen. Sie empfiehlt sich ihrem Gatten durch einen Kniefall und erkennt auf diese Weise seine Herrschaft an. Adam selbst berührt mit

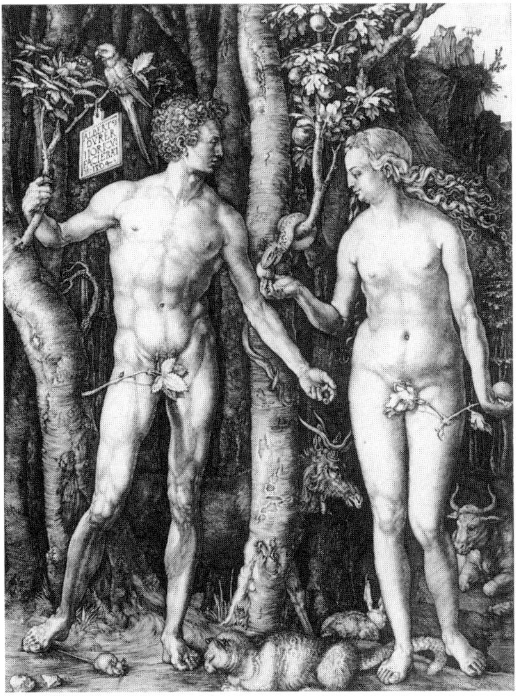

28 **Albrecht Dürer, Adam und Eva, 1504, Kupferstich, Frankfurt am Main, Städelsches Kunstinstitut**

seinem Fuß denjenigen Gottvaters, was an die biblische Metapher der Nachfolge in den »Fußstapfen des Herrn« denken läßt. So sagt Hiob von sich: »In seiner Spur bleibt fest mein Fuß; ich hielt ein seinen Weg und wich nicht ab« (Hiob 23,11).[81] Im Hochmittelalter gehörte diese Geste dem Firmungsritual an. Der Firmling hatte während der Zeremonie den eigenen Fuß auf den rechten Fuß des Bischofs zu setzen.[82] Adam bereitet sich also darauf vor, den Wegen des Herrn zu folgen. Dieser hat das Aussehen Christi angenommen, der die Quelle aller Sakramente ist und hier das Sakrament der Ehe einsetzt. Adam empfängt eben den göttlichen Befehl: »Seid fruchtbar und mehret euch«, während Eva ihm ein Zeichen ihres Gehorsams gibt. Der Unterschied zwischen Folgsamkeit und Ungehorsam wird außerdem durch die Anordnung des ersten Menschenpaares zu Gottes linker und rechter Seite ausgedrückt: Auf der »guten«, der heraldisch rechten Seite befindet sich der Mann, weil ihm der Vorrang gegenüber der Frau gebührt; neben ihm befinden sich außerdem der Baum des Lebens und die freundlicheren Tiere, wie sie auch auf der Mitteltafel dominieren. Zu seiner Linken finden sich Eva, der Baum der Erkenntnis sowie in einem stehenden Gewässer die unreinen Tiere (zum Beispiel der Mönchs-Pinguin). Indem er die Frau auf dieser Seite plaziert, zeigt sich Bosch so wenig feministisch wie einst Jean de Meun. Gerechtfertigt ist die Frau allein durch ihre Unterwerfung unter den Mann, die sie dem göttlichen Plan gefügig macht und ihr die Teilnahme an den Freuden des Paradieses ermöglicht.

Im Zentrum der Komposition ist ein Lebensbrunnen auszumachen *(Abb. 29)*. Deutlicher als jener der Mitteltafel ist er in spätgotischem Stil gehalten; dadurch stellt er eine Architektur vor Augen, die zum Zeitpunkt der Schöpfungsgeschichte natürlich noch gar nicht erfunden sein konnte. Das liegt allerdings in der ikonographischen Tradition begründet, die Bosch hier aufs genaueste einhält, um die Identifikation des Themas zu gewährleisten. Aus dem gleichen Grund stellt er den Schöpfer bekleidet dar. In der Mitte des Brunnengehäuses ist eine Eule zu erkennen. Sie hat bereits die unterschiedlichsten Interpretationen veranlaßt. Tatsächlich repräsentiert dieses Tier in der gotischen Kunst die Unwissenheit und manchmal auch andere Verfehlungen. Erst der Humanismus wird ihr nach und nach den alten Rang als Symbol der

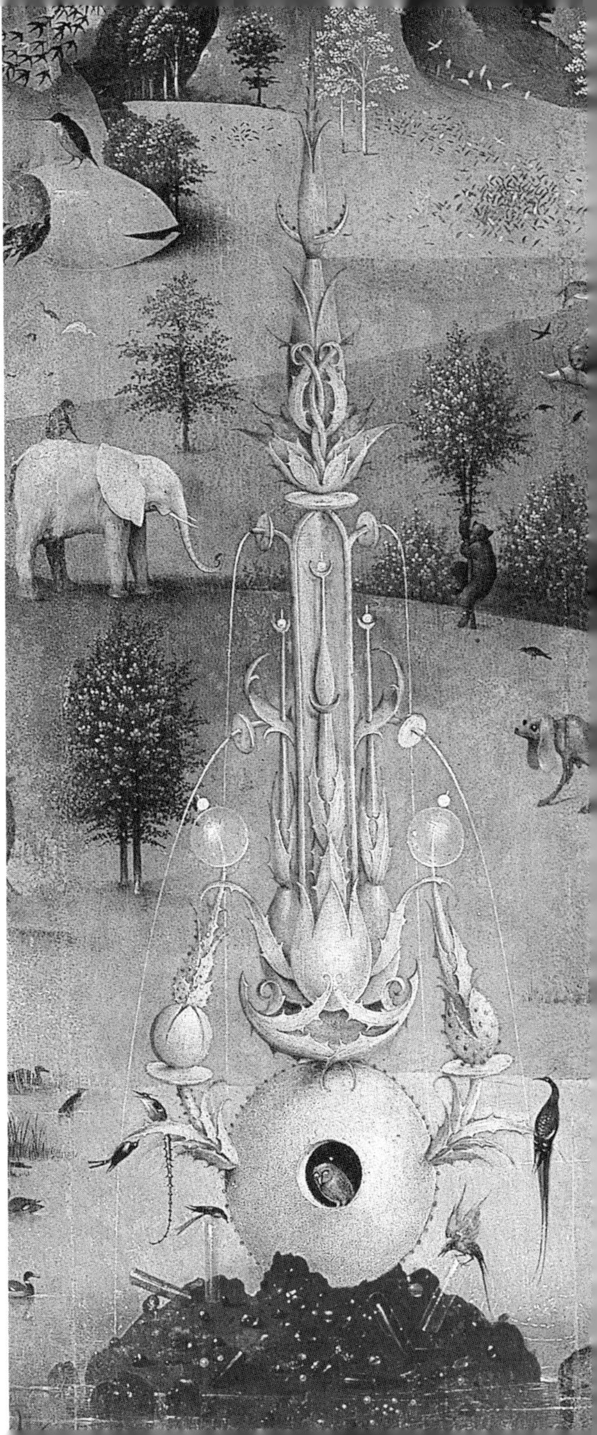

29 **Hieronymus Bosch, Der Garten der Lüste, Madrid, Museo del Prado; Detail des linken Innenflügels: Der Paradiesbrunnen**

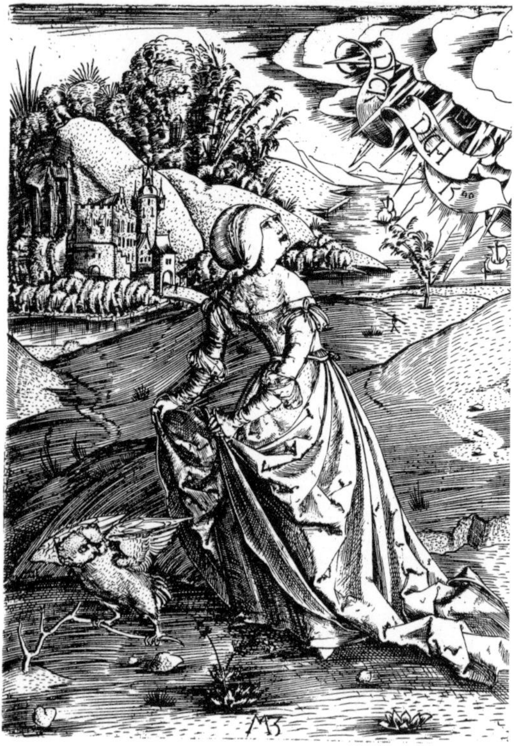

30 **Meister MZ, Die Frau mit der Eule, 1500, Kupferstich, Frankfurt am Main, Städelsches Kunstinstitut**

Weisheit zurückgeben.[83] Redewendungen dokumentieren, daß das Motiv auch eine obszöne Bedeutung annehmen konnte; so etwa in der Formulierung »seine Eule freilassen«, was den Verlust der Unschuld bezeichnete.[84] Ein auf das Jahr 1500 zu datierender Stich des Meisters MZ zeigt eine Frau, der die Eule tatsächlich gerade davonfliegt *(Abb. 30)*.[85] Ein heraufziehendes Unwetter zwingt jedoch den kecken Flüchtling, unter den Rock seiner Herrin zurückzukehren. Ob die Eule, die Bosch so oft dargestellt hat, in seinem Werk stets die gleiche Bedeutung hat, läßt sich nicht mit Bestimmtheit sagen; auf unserer Tafel jedenfalls spielt sie keine negative Rolle. Man wird sie in gegensätzliche Beziehung zur Bedeutung des Brunnenbaus der Mitteltafel zu setzen haben, wo die Wahl zwischen Fortpflanzung und Sodomie dargestellt ist, und ebenso zur rechten Tafel, die in der höllischen Taverne eine wüste Sauferei vergegenwärtigt. Mit großer Wahrscheinlichkeit symbolisiert sie ganz allgemein die Unkenntnis von Gut und Böse und insbesondere die sexuelle Unschuld. Dies um so mehr, als sie den Eingang des noch ungetrübt fruchtbaren Lebensbrunnens besetzt hält. Noch kennen Adam und Eva den eigentlichen Sinn des göttlichen Gebotes nicht, nämlich die Unterscheidung zwischen Gut und Böse, wie sie die Natur um sie herum bereits in symbolischen Anspielungen nahelegt.

Das paradiesische Glück

Die Mitteltafel bildet mehr als nur eine Episode in einer Serie von vier aufeinanderfolgenden Szenen, denn die übrigen Teile des Triptychons sind ihr gemäß der Logik des Altaraufbaus untergeordnet. Auf dieser Mitteltafel wiederum stellt die Szene im zentralen Brunnenbau nicht einfach eine x-beliebige unter anderen Episoden dar, sondern erhellt die Quintessenz der Bildargumentation. Bosch hat in der Gehäuseöffnung des Lebensbrunnens dargestellt, wie ein Mann die Scham seiner Gespielin streichelt. Zugleich weist diese die erotische Alternative zurück, die von der Natur verdammt wird und deren Schändlichkeit auf der rechten Tafel weitere Schandtaten nach sich zieht. Des Menschen Entscheidung für einen gottbefohlenen Lebensweg bringt, wie die Mitteltafel zeigt, die

Dauerhaftigkeit eines paradiesischen Frühlings mit sich. Bosch löst sich von den vorherrschenden ikonographischen Traditionen durch die Darstellung einer völlig irrealen Szenerie. Die phantastischen Gebäude, welche architektonischen Prinzipien weitaus weniger gehorchen als der Brunnen der linken Tafel, sind chaotisch aufgedunsene Gebilde, die durch Vergrößerung und Umwandlung pflanzlicher Formen wie Zellen, Nester, Blütenblätter und -stempel erreicht werden. In diesen Formen lassen sich gewissermaßen natürliche Prototypen jener Objekte auffinden, die der Mensch später konstruieren wird: Tore, Säulen, Fialen und sogar eine Baßflöte geben sich in den vegetabilen Formen zu erkennen. Im übrigen folgt der Maler freilich der Tradition. Den Lebensbrunnen plaziert er in der Mitte des Paradieses und läßt aus ihm die vier in der Genesis genannten Flüsse, die er mit vier Portalen bekrönt, entspringen.
Wie wir bereits festgestellt haben, eignet den Menschen im Paradies die immaterielle Leichtigkeit und Vollkommenheit unschuldiger Seelen. Sie werden von der Natur selbst geboren und treten als Erwachsene aus deren Öffnungen heraus. Ihre Zeit verbringen sie mit froher Zerstreuung. Sie leben in schöner Eintracht mit Haustieren wie auch mit bizarren Mischwesen. Um die gesamte Menschheit einzubeziehen, hat Bosch auch Schwarze eingeführt, wie man sie bereits von Darstellungen der Anbetung der Könige kannte, und darüber hinaus ein Paar sogenannter wilder Leute, die rechts unten gleichsam die Verführungsszene von Adam und Eva mit dem Apfel nachstellen *(Abb. 31)*: Der Mann blickt dem Betrachter entgegen und zeigt dabei auf seine Begleiterin, die gerade

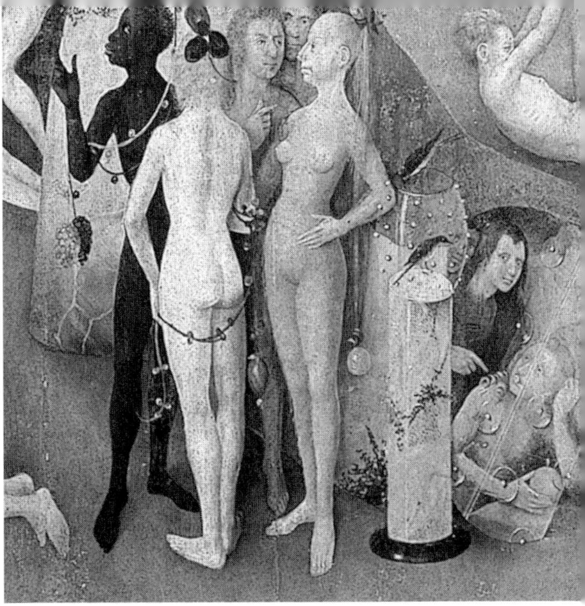

31 **Hieronymus Bosch, Der Garten der Lüste, Madrid, Museo del Prado; Detail der Mitteltafel: Wilde Leute**

einen Apfel ißt, während hinter ihm eine geheimnisvoll lächelnde Person erkennbar wird. Diese Episode führt dem Betrachter das innerhalb der Szene ausgesparte Ende des Lebens im Paradies deutlich vor Augen und ruft ihm seinen eigenen unglückseligen Zustand ins Gedächtnis. So findet sich diese Szene bezeichnenderweise in direkter Nachbarschaft zur Darstellung der Hölle.[86] Wie auf der linken Tafel konzentrieren sich auch sonst die Anspielungen auf das Böse nach der rechten Seite hin. So zeigt das Gemälde noch eine weitere Gruppe von Figuren beim Verzehr von Äpfeln, während sich doch so zahlreiche andere, weniger gefährliche Früchte dafür anbieten würden. Hinzu kommen die Einlaß begehrende Nonne und einige Personen, die ihre übergroßen Hintern viel zu verräterisch zur Schau stellen, als daß sie einen Platz im Paradies erhalten könnten. Das Glück der Paradiesbewohner wird aber

anscheinend von ihnen nicht stärker als durch ein paar Lurche bedroht, die sich in die Szenerie geschlichen haben.
Eine Reihe von Anspielungen, die Baltrušaitis entschlüsselt hat, unterstreichen die Unwirklichkeit dieses paradiesischen Glücks.[87] Der zentrale Baukörper ist durch eine Mondsichel geschmückt und erinnert damit an die Fahne des »Narrenschiffs«. Nun gelten die Akrobaten im Mittelalter ebenso wie die Schwimmer, die Träumer und Wankelmütigen, die sämtlich auf der Tafel erscheinen, als Kinder des Mondes. Baltrušaitis zählt als Mondkinder außerdem noch Vagabunden, Trickbetrüger, Sünder, Vogelsteller, fahrende Studenten und Maler auf (die hier zwar alle nicht dargestellt sind, aber eigentlich auch nicht fehlen, da sie am Beginn der Menschheitsgeschichte ohnehin noch nicht existierten). Gemäß den Lehren des Agrippa, dessen *Okkulte Philosophie* in der ersten Fassung ungefähr zur gleichen Zeit wie der »Garten der Lüste« entstand, beherrscht der Mond sowohl die Erde als auch das Wasser, also schlechthin alles, was durch Feuchtigkeit bestimmt wird: die Kristalle, die Perlen, diejenigen Tiere, »die gerne im Umgang mit den Menschen leben«, die Amphibien und Hybriden, die Wasservögel, die Austern, die Muscheln und die Frösche. Unter diesen vom Mond beherrschten Tieren treffen wir hier eine Auswahl, indem wir die Tiere fortlassen, die Agrippa zwar aufzählt, die Bosch aber nicht darstellt, unter anderem die Chamäleonarten, die Würmer, die Mücken, die Wespen, die Käfer und Krebse.[88] Das ändert aber nichts daran, daß Bosch, indem er das flüssige Element und alles, was sich darauf bezieht, sichtlich betont, ein lunarisches, vom Mond regiertes Universum ins Bild setzt. Dazu zählen

die durchscheinende Auffassung seiner Gegenstände, die Unbeständigkeit und Wechselhaftigkeit der Mondkinder und, noch allgemeiner benannt, die Verkehrte Welt als Gegensatz zu unserem alltäglichen Universum.
Zuweilen bezeichnet die Mondsichel in der Ikonographie des späten Mittelalters auch Juden und Ungläubige. Aber es käme einer Beschränkung der ganzen Epoche auf einen eher dem 20. Jahrhundert geläufigen Manichäismus gleich, wenn man diesem Zeichen einen ausschließlich pejorativen Sinn geben wollte. Statt dessen scheint sie ganz allgemein dem außerchristlichen Leben als ein Emblem zu dienen, worin das Vorchristliche ebenso eingeschlossen ist wie das »Sarazenische«. In dieser Zeit umfaßt das »Sarazenische« jedoch, wie Baltrušaitis bemerkt, alles Exotische und damit auch die klassische Antike, kurz, eine große Gruppe kultureller Formen, die beim mittelalterlichen Christen häufiger Faszination und Imitationswünsche als Feindschaft hervorgerufen haben.[89] Über die spielerischen Anverwandlungen der Moden dringt der Exotismus in die weltliche Eleganz des Spätmittelalters ein.[90] Besonders an der Kleidung läßt sich das beobachten, aber auch die Mitteltafel des »Gartens der Lüste« läßt sich mit dieser weltlichen Atmosphäre in Verbindung bringen. Denn die Einwohner des Paradieses geben sich ausnehmend höfischen Spielen hin. So stolzieren die Männer überaus kokett vor den Frauen auf und ab, um sie zur Teilnahme an ihren lustvollen Zerstreuungen zu verführen. Im Hintergrund der Landschaft präsentieren sie ihre Geschicklichkeit, indem sie mit gigantischen und zum Teil erschreckenden Kreaturen artistische Bravourstückchen aufführen. Und im Zentrum des

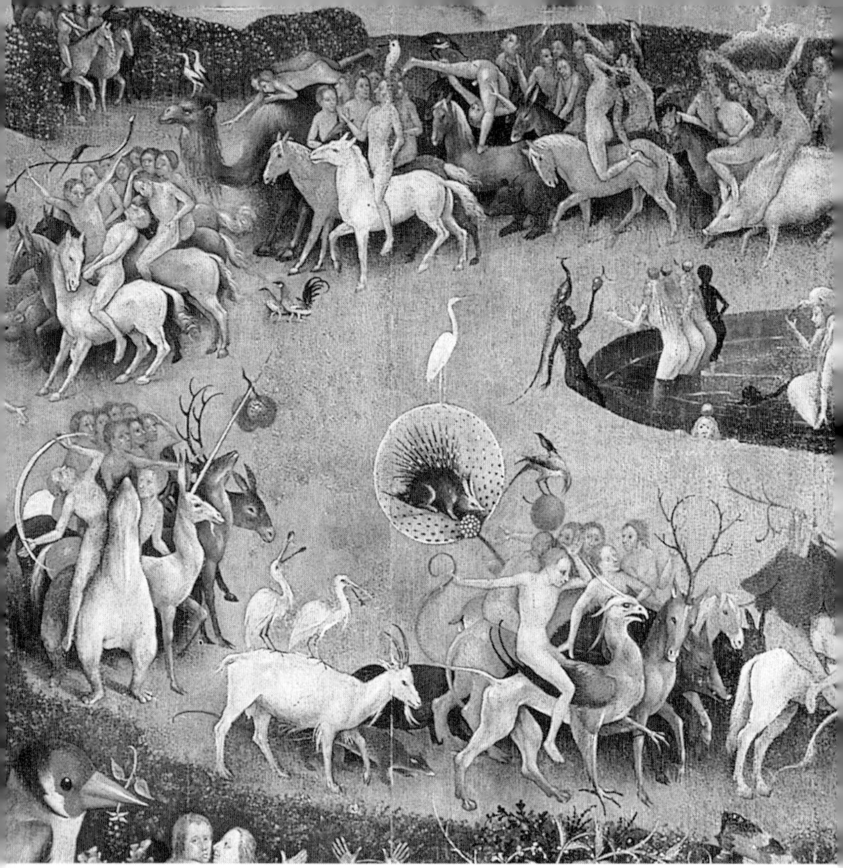

Bildes haben sie alle nur vorstellbaren Arten von Reittieren zusammengetrieben, um eine Parade zu Ehren teils weißer, teils dunkelhäutiger badender Frauen aufzuführen, die ihre akrobatischen Leistungen hier aufmerksam verfolgen, dort aber auch mit Desinteresse strafen *(Abb. 32)*. Ein Teil dieser Schönheiten trägt weiß gefiederte Stelzvögel auf dem Kopf, ein Umstand, der ihnen den Neid derjenigen Gefährtinnen einträgt, die bloß Raben auf dem Kopf spazierenführen. Die Frauen am linken Beckenrand mit ihrem Kopfputz aus roten Früchten

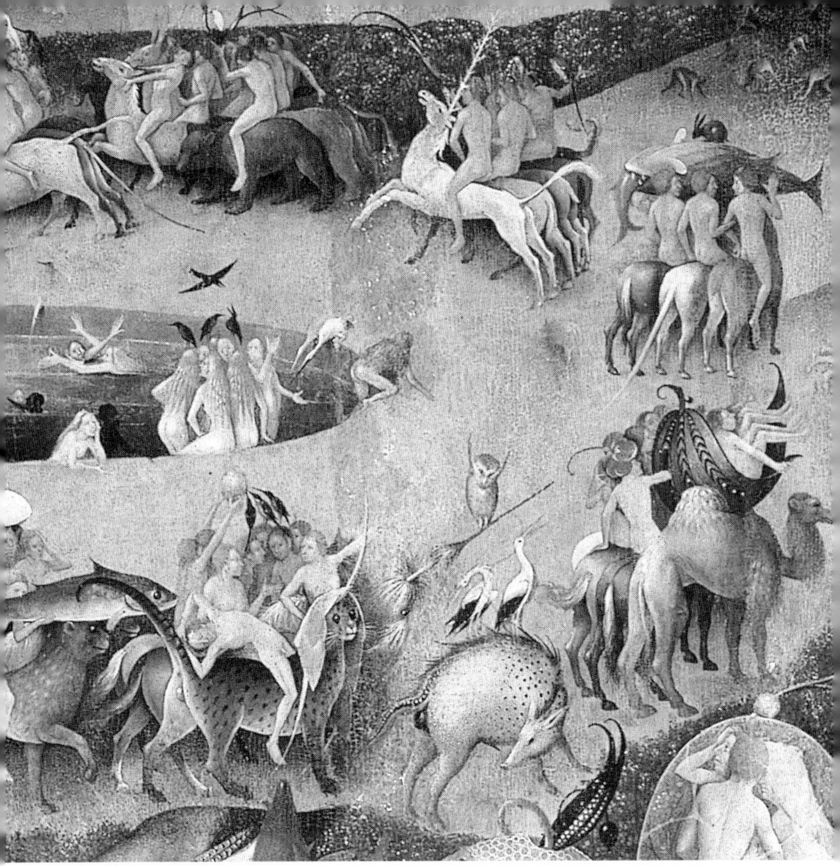

32 **Hieronymus Bosch, Der Garten der Lüste, Madrid, Museo del Prado; Detail der Mitteltafel: Die Werbung der Reiter**

interessieren sich hingegen eher für die schönen Reiter. Im Vordergrund finden die Männer in der weiblichen Zuneigung eine Belohnung für ihre spielerischen Heldentaten. Denn die Damen nehmen dort an allen Vergnügungen teil, die ihnen angetragen werden, seien dies nun Mahlzeiten oder akrobatische Spiele. Sie zögern auch nicht, den Männern in die von der Natur bereiteten Schlupfwinkel zu folgen, um sich den Blicken ihrer Umwelt zu entziehen. Diese Vielfalt assoziationskräftiger Details führt dazu, daß die beschriebenen Szenen höfischen Festen, deren Riten diese ursprünglich lebenden Menschen schon vorwegzunehmen scheinen, zum Verwechseln ähnlich sehen. Zu betonen ist, daß die lunarische Herrschaft des Wechsels und der Flüchtigkeit nicht im kritischen Licht barocker Klagen über die Vergänglichkeit aller weltlichen Dinge erscheint. Es wird vielmehr auch hier noch einmal deutlich, daß es sich für Bosch nicht darum handelt, eine Alternative zwischen Beständigkeit und hinfälligem Sinnenrausch aufzuzeigen, denn diese Zwiespältigkeit spielt in der Fiktion, die hier ins Werk gesetzt ist, gar keine Rolle. Zerbrechlichkeit, Flüchtigkeit und Transparenz sind Teil seiner malerischen Ästhetik, wie Charles de Tolnay zu Recht bemerkt hat.[91] Sie gehören, um eine allgemeinere Perspektive zu wählen, überhaupt zum »Traum vom idyllischen Leben«, dessen bestimmende Rolle in der spätmittelalterlichen Literatur und Kunst Johan Huizinga in einer klassischen Untersuchung aufgezeigt hat.[92] Der »Garten der Lüste« macht die Realität der Sünde nicht zum hauptsächlichen Gegenstand, sondern er verbannt sie in die Hölle, die auf der Seitentafel dargestellt ist. Das Thema der zentralen Szene dagegen ist die Irrealität eines paradiesischen Glücks.

Die Hölle auf Erden

In der Hölle sitzt eine Frau, deren Position ganz symmetrisch zu dem auf der Paradiestafel gegenüber dargestellten Adam arrangiert worden ist. Während der erste Mensch mit sündelosem Begehren auf die Begleiterin blickt, die Gott ihm eben beigesellt, betrachtet sich diese Frau –

wir haben das Detail bereits erwähnt – in einem Spiegel, der das Gesäß eines baumartigen Teufels bedeckt *(s. Abb. 21)*. Ihre Linke rührt dabei an das Geäst, in das eine der teuflischen Extremitäten mündet. Wie wir gesehen haben, verbindet Bosch hier das Motiv der Eigenliebe mit der Kontemplation des Teufelhinterns. Als Repräsentantin aller Widerspenstigen, die den Liebenswürdigkeiten der Männer zu Unrecht widerstanden haben, ist sie nun den recht abstoßenden Zärtlichkeiten von Dämonen ausgesetzt. Auf mannigfache Weise werden auch die anderen Insassen von Boschs Hölle zu Opfern dessen, was sie selbst zum Bruch der Naturgesetze erfunden haben – des Krieges zunächst, aber auch der frommen Werke *(Abb. 33)*. Mönche reiten arme Seelen und lassen sie zur Beichte vor; einer betätigt sich als Glöckner, ein anderer singt aus dem Antiphonar*, ein Jäger wird zum gejagten Wild. Glücksspiele in den Schenken verwandeln sich augenblicklich in gefährliche Streitereien, und Musikinstrumente dienen als Foltermaschinen, die nicht nur die Ohren, sondern auch die Körper der Menschen quälen.

Zwei Figuren beherrschen die Hölle, der menschenfressende Satan und der komposite Baummensch. Der Satan verschlingt gerade einige Seelen, die zur Verlängerung ihres Unglücks der Verdauung jedoch widerstehen. Bei ihnen selbst handelt es sich um nicht minder merkwürdige Wesen, die sich dem zwanghaften Verzehr von Gegenständen wie Vögeln oder Geldstücken hingegeben zu haben scheinen; jedenfalls sind sie dabei zu beobachten, wie sie diese Gegenstände unverdaut wieder ausscheiden. Andere gequälte Seelen drohen in Sümpfen zu ertrinken und verschlingen dabei ihren

Auswurf, so daß ein zyklischer Zusammenhang des Grauens vor unseren Augen entsteht.
Das zentrale Gebäude faßt die neuartige Ikonographie dieser Tafel Boschs zusammen und präzisiert ihre Bedeutung. Der Baummensch, der als Motiv auch andernorts auftaucht, ist mit seinem Hinweis auf das Blühen der Natur ein allgemeines Bild der Fortpflanzung, sei sie nun fleischlich oder geistig aufgefaßt. Auf ihn stößt man zum Beispiel auch in den Illustrationen juristischer Traktate, die der familiären Verwandtschaft gewidmet sind, ebenso aber in der christlichen Ikonographie, wo sich der Baum in dem Motiv des blühenden Kreuzesstammes wiederfindet.[93] Im Gegensatz zu all dem steht die Anverwandlung der Ikonographie in der Hölle Boschs. Die Unfruchtbarkeit der dort auftretenden teuflischen Abart wird durch Dürre, durch einen Dudelsack, dem heiße Luft entströmt, und durch das ausgehöhlte Hinterteil unterstrichen, das die phantastische Person dem Betrachter entgegenstreckt, während sie ihn zugleich intensiv ins Auge faßt. Dieses Monstrum scheint dem Betrachter als Spiegel zu dienen und darin den wilden Leuten der Mitteltafel und dem ebenfalls pflanzenhaft erscheinenden Dämon zu gleichen, der, wie bereits erwähnt, seine Rückseite einer Frau als Spiegel vorhält. In der höllischen Schenke erkennt man eine Figur, die zwar bekleidet, aber ohne dämonische Züge ist und eine traumverloren-melancholische Pose einnimmt. Dieses Motiv ist bei Bosch häufiger anzutreffen; es findet sich auch im Wiener »Jüngsten Gericht« *(Abb. 34)* und bestimmt besonders die Darstellung der »Versuchung des heiligen Antonius«, wo die Rolle des Träumers von der Figur des Einsiedlers übernommen wird.[94] In allen ge-

33 **Hieronymus Bosch, Der Garten der Lüste. Madrid, Museo del Prado; Detail des rechten Innenflügels: Höllenstrafen**

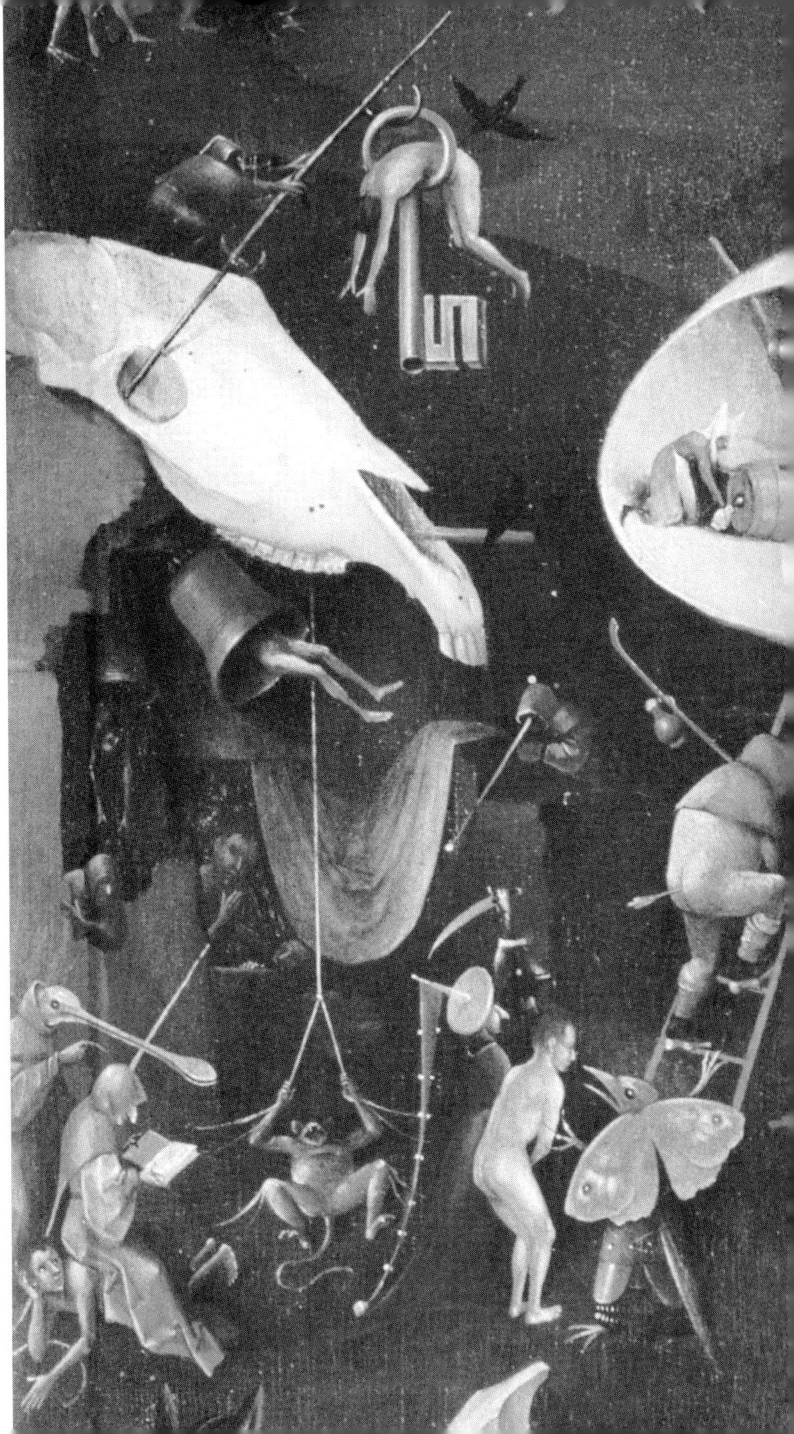

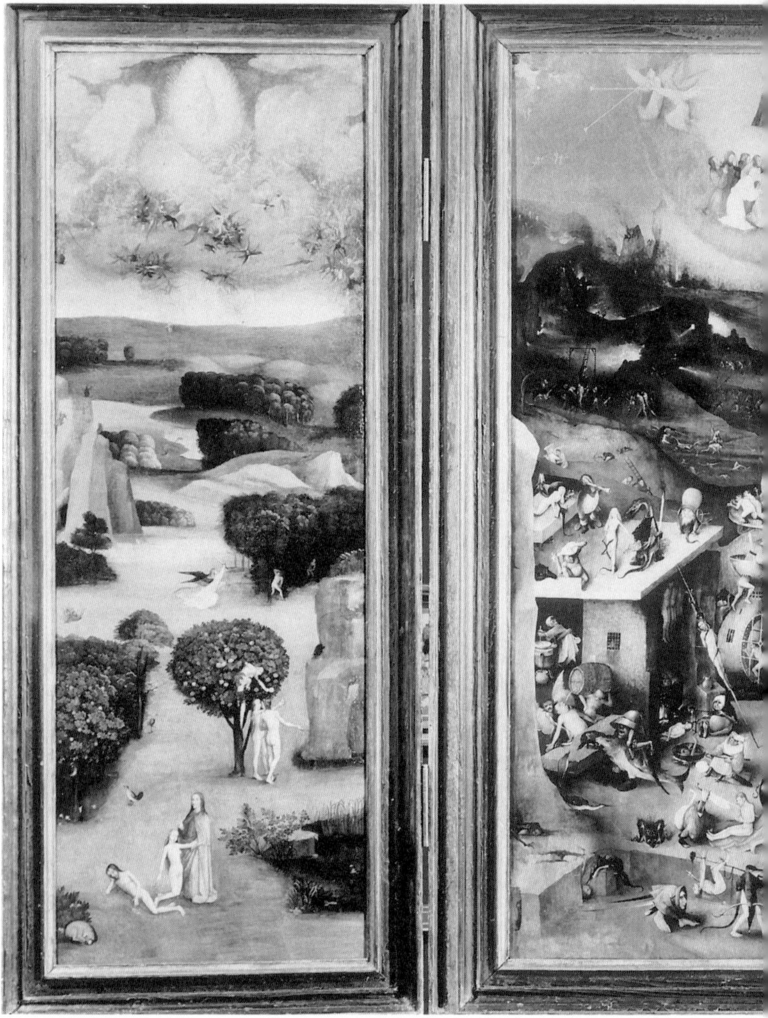

nannten Fällen sind die höllischen Erscheinungen Früchte einer melancholischen Einbildungskraft. Der Träumer auf der rechten Tafel des Triptychons kann insofern bekräftigen, daß es sich bei deren Motiven um Ausgeburten der menschlichen Phantasie handelt, um Fiktionen

34 **Hieronymus Bosch, Das Jüngste Gericht, Öl auf Holz, Mitteltafel 164 x 127 cm, Flügel je 160 x 60 cm,**

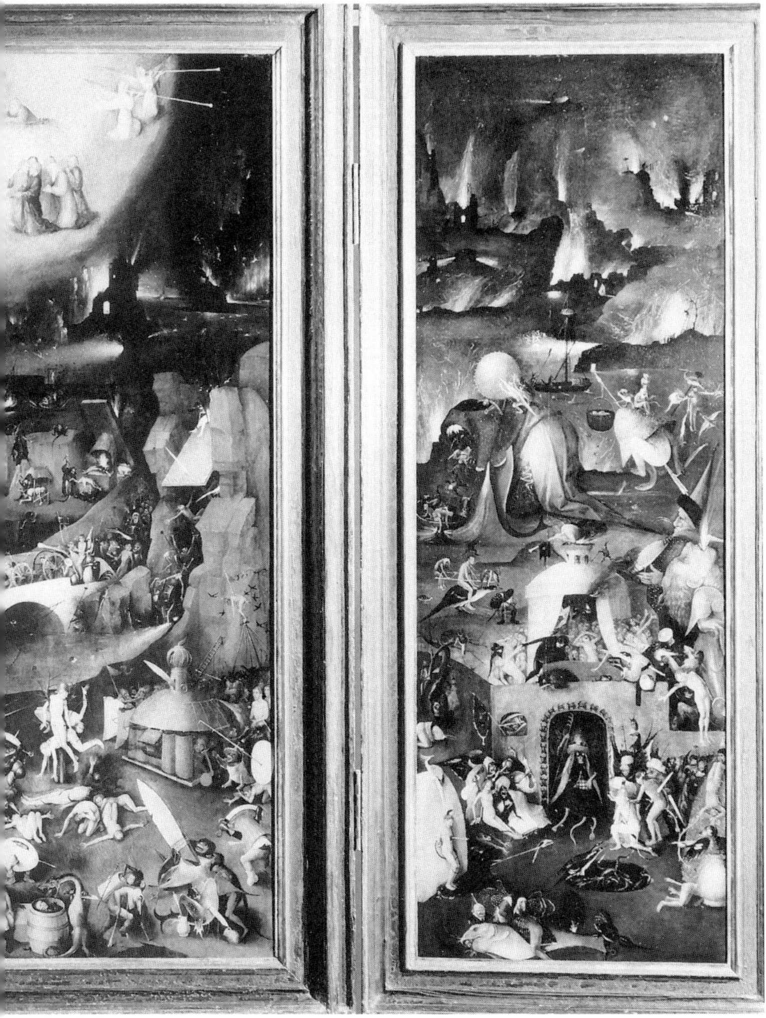

Wien, Gemäldegalerie der Akademie der bildenden Künste

ohne substantielle Realität. Wenn man diese Deutung akzeptiert, so ergibt sich über die Bauten, die jeweils im Zentrum der drei Tafeln stehen, eine Art historischer Entwicklungstendenz: Die Eule links steht für die ursprüngliche und schuldlose Unwissenheit des Menschen

ein; in der Mitte folgt die Entscheidung zwischen Gut und Böse; rechts wird dem Betrachter über die ausschweifenden Phantasien des gefallenen Menschen, der ihn aus dem Bild heraus fixiert, die eigene unselige Gegenwart vor Augen geführt.
Am unteren Rand der Höllentafel fällt der Blick auf eine weitere bedeutsame Szene. War es auf der linken Tafel der teuflisch anmutende Weiher, in der mittleren eine Anspielung auf den Sündenfall – zwei Episoden also, die jeweils den paradiesischen Raum begrenzen und, in der Ecke eher unauffällig angesiedelt, zur Interpretation des Hauptgeschehens anleiten konnten –, so ist man hier Augenzeuge einer Szene, in der eine Sau in der Verkleidung einer Nonne das Testament eines Verdammten erschleicht *(s. Abb. 11)*. Mit abstoßender Zärtlichkeit bekräftigt sie ihr Interesse an dem unwilligen Opfer, das sich dennoch fügen muß. Hier ist die antiklerikale Anspielung offensichtlich. Muß es doch völlig absurd erscheinen, als Verdammter noch seine Güter für das Seelenheil opfern zu sollen. Bosch hätte kein schöneres Paradox erfinden können, um die Bilanz seines großen Werkes zu ziehen und noch einmal hervorzuheben, was wir inzwischen schon wissen: Wir blicken in die Hölle auf Erden. Nichts foltert die Menschen mehr als die eigenen Erfindungen und die Produkte der eigenen Phantasie.

Schluß

Wenn die hier vorgetragene Interpretation zutrifft, dann vermittelt Boschs Gemälde einen radikalen Pessimismus gegenüber der Gesellschaft, ihren Institutionen und der Entwicklung der Technik. Gleichzeitig nimmt dieses Werk in der künstlerischen Produktion des Niederländers eine besondere Stellung ein, indem es die Entfesselung der Macht des Bösen auf einen Seitenflügel verbannt und die Darstellung eines umfassenden Glücks zum Hauptgegenstand der Mitteltafel erhebt. Das mindert jedoch die Sozialkritik keineswegs, denn besagtes Glück gehört einer vergangenen und irrealen Epoche an und definiert ihr Verhältnis zu zivilisatorischer Betriebsamkeit durch Unkenntnis oder Verzicht. Der künstlerische Stil Boschs ist noch voller Reminiszenzen an die internationale Gotik der Zeit um 1400 und bleibt von allen Italianismen mit ihrer Antikensehnsucht und ihrer neuen Organisation des Bildraums unberührt. Er verweigert sich dadurch den jüngsten Tendenzen der zeitgenössischen Malerei und gibt der Vielfalt stilistischer Seitenwege den Vorzug. Gemeinplätze wie die Verdammung der zivilisatorischen Gegenwart und der »Traum vom idyllischen Leben«, den Huizinga so treffend beschrieben hat, kommen zu Beginn des 16. Jahrhunderts nach und nach aus der Mode. Interessanterweise wandelt sich im Gegenzug Bosch in der Einschätzung der Kunstkritik bald zu einem simplen Grillenmacher. Schon ein Jahrhundert später muß Sigüenza die Ernsthaftigkeit und Gedankentiefe seines Werkes eigens hervorheben. Es handelt sich dabei bereits um ein Rückzugsgefecht, denn eine Malerei, wie Bosch sie geschaffen hat, interessiert das Publikum immer weniger. Bis zum Ende des 19. Jahrhunderts muß auf die Wiederentdeckung und die neue Popularisierung Boschs und vor allem des »Gartens der Lüste« gewartet werden. Seitdem erst wird das Werk als etwas erlebt, das der Gegenwart besonders nahesteht. Man hält es von nun an für surrealistisch und rätselhaft verschlüsselt.

Die Frage drängt sich auf, ob Boschs Triptychon bei dem immer noch wachsenden Interesse, das es nach zwei Weltkriegen und angesichts technischer Katastrophen bis heute ausübt, nicht wie ein Spiegel wirkt, und ob diese Faszination nicht von der Ambivalenz unserer modernen Kultur zeugt, die sich selbst zugrunde zu richten droht. Zugleich fragt sich, ob sich die völlig abwegigen Interpretationen, welche die Tafeln bei manchen Betrachtern hervorgerufen haben, nicht unbewußt der Weigerung verdanken, sich in den historischen Phantasmagorien Boschs selbst wiederzuerkennen.

1 Eine erste Version des vorliegenden Textes wurde bereits 1988 veröffentlicht: Vgl. *Bibliothèque d'Humanisme et Renaissance* 50 (1988), S. 545–585. – In zahlreichen Monographien findet sich eine Übersicht über die künstlerische Entwicklung Boschs. Vgl. insbesondere Ch. de Tolnay, *Hieronymus Bosch*. Baden-Baden 1965; M. J. Friedländer/M. Cinotti, *Tout l'œuvre peint de Jérôme Bosch*. Paris 1967; J. Snyder (Hg.), *Bosch in Perspective*. Englewood Cliffs (New Jersey) 1973; R. H. Marijnissen u. a., *Jérôme Bosch*. Brüssel 1975; R. H. Marijnissen/P. Ruyffelaere, *Hieronymus Bosch. Das vollständige Werk*. Weinheim 1988.

2 Vgl. bes. L. Baldass, *Jheronimus Bosch*. Wien 1943; E. H. Gombrich, Bosch's »Garden of Earthly Delights«: A Progress Report, in: *Journal of the Warburg and Courtauld Institutes* 32 (1969), S. 162–170; Wiederabdruck mit geändertem Titel in: Ders., *Die Entdeckung des Sichtbaren. Zur Kunst der Renaissance III*. Stuttgart 1987, S. 105–113; W. S. Gibson, *Hieronymus Bosch*. Frankfurt am Main/Berlin/Wien 1974; P. Vandenbroeck, Jheronimus Bosch' zogenaamde ›Tuin der Lusten‹, in: *Jaarboek van het Koninklijk Museum voor Schone Kunsten*. Antwerpen 1989, S. 9–210 und ebd. 1990, S. 1–192; K. Moxey, Hieronymus Bosch and the »World Upside Down«. The Case of the Garden of Earthly Delight, in: N. Bryson u. a. (Hg.), *Visual Culture. Images and Interpretations*. Hannover 1994, S. 104–140.

3 Bes. J. Combe, *Jérôme Bosch*. Paris 1946; W. Fraenger, *Hieronymus Bosch. Das tausendjährige Reich. Grundzüge einer Auslegung*. Dresden 1975, S. 9–144; P. Reuterswärd, *Hieronymus Bosch*. Uppsala 1970. Meines Wissens entgeht dieser Dichotomie als einzige die Interpretation von Peter Gerlach, der zu Recht die Mitteltafel als Darstellung der glücklichen Menschheit im irdischen Paradies begriffen hat; vgl. ders., Le Jardin des délices, un essai d'interprétation, in: Marijnissen u. a. (wie Anm. 1), S. 133–165.

4 B. Bennassar, *L'inquisition espagnole au XVe–XIXe siècle*. Paris 1983; H. C. Lea, *Geschichte der Inquisition im Mittelalter*. 3 Bde., Nachdruck Nördlingen 1987–1988, Bd. 2, S. 181ff. und 485ff.; J. Wirth, Against the Acculturation Thesis, in: K. von Greyerz (Hg.), *Religion and Society in Early Modern Europe, 1500–1800*. London 1984, S. 68ff.

5 E. H. Gombrich, The Earliest Description of Bosch's »Garden of Delight«, in: *Journal of the Warburg and Courtauld Institutes* 30 (1967), S. 403–406; Wiederabdruck mit geändertem Titel in: Ders., *Die Entdeckung des Sichtbaren* (wie Anm. 2), S. 100–104; O. Kurz, Four Tapestries after Hieronymus Bosch, in: *Journal of the Warburg and Courtauld Institutes* 30 (1967), S. 150–162.

6 Dafür findet sich ein gutes Beispiel bei Gibson (wie Anm. 2), S. 80f.: »Der Geschlechtsakt, den das 20. Jahrhundert

als normale Funktion der Menschennatur hinzunehmen gelernt hat, wurde im Mittelalter häufig mit tiefem Mißtrauen betrachtet: bestenfalls ein notwendiges Übel, schlimmstenfalls eine Todsünde.« Ob Gibson sich damit auf die profane Literatur oder auf die Lehren der Kirche bezieht, bleibt offen, spielt hier aber auch keine Rolle; er irrt in jedem Falle, denn eine solche Verallgemeinerung berücksichtigt weder die eine noch die andere. Im übrigen hat die Kirche zu keinem Zeitpunkt den Geschlechtsakt als Todsünde angesehen.

7 L. von Pastor, *Die Reise des Kardinals Luigi d'Aragona durch Deutschland, die Niederlande, Frankreich und Oberitalien, 1517–1518, beschrieben von Antonio de Beatis.* Freiburg/Br. 1905 (= Erläuterungen und Ergänzungen zu Janssens Geschichte des deutschen Volkes, Bd. 4,4), S. 116f.; vgl. a. A. Chastel, *Le cardinal Louis d'Aragon. Un voyageur princier de la Renaissance.* Paris 1986, S. 55ff.

8 Zitiert nach Gombrich, *Die Entdeckung des Sichtbaren* (wie Anm. 2), S. 100. Die Originalstelle lautet (hier nach Pastor, wie Anm. 7, S. 116): »Ce son poi alcune tavole de diverse bizzerie, dove se contrafanno mari, aeri, boschi, campagne et molte altre cose, tali che escono da una cozza marina, altri che cacano grue, donne et homini et bianchi et negri de diversi acti et modi, ucelli, animali de ogni sorte et con molta naturalità, cose tanto piacevole et fantastiche che ad quelli che non ne hanno cognitione in nullo modo se li potriano ben descrivere.«

9 Vgl. die Analyse von Kurz (wie Anm. 5).

10 F. Rachfahl, *Wilhelm von Oranien und der niederländische Aufstand.* Halle 1906, Bd. 1, S. 107.

11 »[...] alle köstlichkeit jn dem hauß allenthalben, auch das groß beth, do 50 menschen mügen jnnen liegen«. *Dürer, Schriftlicher Nachlass.* Hg. H. Rupprich. Berlin 1956–1969, hier Bd. 1, S. 155.

12 »Doch höt sich ein jtlicher, das er nichtz vnmuglichs mach, das dy natur nitt leid, es wer dan sach, das einer trawm werg wolt machn. In solchem mag einer alle ding durch ein ander mischen.« Ebd. Bd. 3, S. 283; vgl. a. S. 292, S. 301.

13 Kurz (wie Anm. 5), S. 153.

14 Vgl. Snyder (wie Anm. 1), S. 34–41; *J. de Sigüenza, Historia de la Orden de San Geronimo.* Hg. J. C. Garcia. Madrid 1907–1909 (= Nueva biblioteca de autores espanoles, Bd. 8,1–2, hier Teilbd. 2), S. 635–639. Der Bosch betreffende Textabschnitt findet sich in deutscher Übersetzung bei Tolnay (wie Anm. 1), S. 401–405; der im folgenden direkt zitierte Passus ebd. S. 401.

15 Bei dieser Gelegenheit sei erwähnt, daß meine Studie der von J. Rowlands veranstalteten fotografischen Ausgabe des Triptychons in Originalgröße viel verdankt. Vgl. ders., *The Garden of Earthly Delights. Hieronymus Bosch.* Oxford 1979.

16 R. Klein, L'imagination comme vêtement de l'âme chez

Marcile Ficin et Giordano Bruno, in: Ders., *La forme et l'intelligible*. Paris 1970, S. 65–88.

17 Tolnay (wie Anm. 1), S. 353.

18 Marijnissen u. a. (wie Anm. 1), S. 27.

19 Ich habe das Problem an anderem Ort umrissen; vgl. J. Wirth, La démonologie de Jérôme Bosch, in: *Diables et diableries. La représentation du diable dans la gravure des XVe et XVIe siècles*. Ausst.-Kat. Cabinet des estampes, Genf 1976, S. 71–85.

20 F. de Quevedo, *Los Sueños*. Madrid 1931, dt. *Die Träume. Die Fortuna mit Hirn oder die Stunde aller*. Frankfurt am Main 1966, das Zitat auf S. 36. H. Heidenreich, Hieronymus Bosch in Some Literary Contexts, in: Snyder (wie Anm. 1), S. 145–160, zitiert auf S. 155 die Stelle im Original unter Verweis auf die Ausgabe von Valencia 1628, dort fol. 15v: »Remediad esto, que poco ha que fue Geronymo Bosco allà, y preguntandole, porque avia hecho tantos guisados de nosotros en sus sueños? dixo: porque no avia creydo nunca, que avia demonios de veras.«

21 Wenngleich Heidenreich (wie Anm. 20, S. 158) zu Recht anmerkt, daß der Text nicht die Verdammnis des Malers, sondern eine Reise in die Hölle beschreibt. Das Thema eines Abstiegs in die Hölle könnte, wie Heidenreich zeigt, durch ein lateinisches Gedicht von Lampsonius aus dem Jahr 1572 inspiriert worden sein.

22 Snyder (wie Anm. 1), S. 42.

23 Vgl. W. Cahn, *Die Bibel in der Romanik*. München 1982, S. 126–130 und Abb. 84 zur Bibel von Lobbes.

24 Die Beschlüsse des Tridentiner Konzils bezeichnen die Vereinigung Adams und Evas im Paradies zwar ausdrücklich als Hochzeit, unterdrücken obige Verse aber zugunsten von Gen. 2,23. Vgl. *Sacrosancti et oecumenici concilii Tridentini […] canones et decreta*. Lyon 1744, 24. Sitzung, S. 251ff.

25 M. Luther, *Vom ehelichen Leben* (1522), WA Bd. 10,2, S. 275–304, bes. S. 276ff. Vgl. a. Luthers Predigten über die Genesis von 1523–24, WA Bd. 14, S. 111ff., und den Kommentar von 1527, WA Bd. 24, S. 51ff.

26 M. Leibowicz, Argumentation oresmienne et logique divinatoire, in: Z. Kaluza/P. Vignaux (Hg.), *Preuve et raison à l'Université de Paris: logique, ontologie et théologie au XIVe siècle*. Paris 1984, S. 165–186.

27 J. Wirth, *L'image médiévale. Naissance et développements (VIe–XVe siècle)*. Paris 1989, S. 70ff., 214ff.; außerdem ders., Théorie et pratique de l'image sainte à la veille de la Réforme, in: *Bibliothèque d'Humanisme et Renaissance* 48 (1986), S. 319–358.

28 Vgl. den Kommentar des Boethius über Porphyrios in *Patrologia Latina*. Hg. J.-P. Migne, Bd. 64, Sp. 39ff. und 101ff.

29 Siehe dazu ausführlich A. Maier, *Zwei Grundprobleme der scholastischen Naturphilosophie*. 2. Aufl. Rom 1951, S. 3ff. (Das Problem der intensiven Größe); dies., *Metaphysische*

Hintergründe der spätscholastischen Naturphilosophie. Rom 1955, S. 141ff. (Das Problem der räumlichen Ausdehnung).

30 J. Baltrušaitis, *Réveils et prodiges. Le gothique fantastique.* Paris 1960.

31 Vgl. den in Anm. 16 genannten Aufsatz von R. Klein.

32 Gombrich, *Die Entdeckung des Sichtbaren* (wie Anm. 2), S. 106f.

33 Ebd. S. 107f.

34 D. Bax, *Hieronymus Bosch, his picture-writing deciphered.* Rotterdam 1979, S. 311ff.

35 Als Beispiel sei das Auftreten des Drachenbaums zuerst in der »Flucht nach Ägypten« von Schongauer, dann in der Schedelschen Weltchronik genannt, die 1493 in Nürnberg gedruckt wurde (dort fol. 7r). Vgl. G. Pochat, *Der Exotismus während des Mittelalters und der Renaissance.* Stockholm 1970, S. 118ff.

36 Baltrušaitis (wie Anm 30), S. 290.

37 J. W. Einhorn, *Spiritalis Unicornis. Das Einhorn als Bedeutungsträger in Literatur und Kunst des Mittelalters.* München 1976, S. 243f.

38 Dionysius der Kartäuser, *Opera omnia.* Montreuil 1896–1935, hier Bd. 19–25.

39 Ebd. Bd. 1, S. 104ff.

40 Ebd. Bd. 22, S. 150ff.

41 Albert der Große, *De laudibus b. Mariae Virginis libri XII* (= Opera omnia. Hg. A. Borgnet. Paris 1890–1899, Bd. 36), S. 600ff.

42 Dionysius der Kartäuser (wie Anm. 38), Bd. 1, S. 49.

43 Ebd. Bd. 22, S. 185ff.

44 Ebd. S. 194ff.

45 Thomas von Aquin, *Summa theologica* p. I, q. 98, art. 2.

46 Dionysius der Kartäuser (wie Anm. 38), Bd. 1, S. 118.

47 Vgl. C. Gaignebet/J.-D. Lajoux, *Art profane et religion populaire au Moyen-Age.* Paris 1985, S. 13 (Abb.), S. 104, S. 113ff. und passim. Trotz vieler Ungenauigkeiten und zweifelhafter Methodik erbringt dieses Buch eine wertvolle und zum Teil einsichtige Dokumentation skatologischer und obszöner Motive.

48 Gibson (wie Anm. 2), S. 93.

49 Dionysius der Kartäuser (wie Anm. 38), Bd. 1, S. 117.

50 Vgl. bes. Thomas von Cantimpré, *Bonum universale de apibus.* Douai 1627, cap. 29–31, S. 273ff.

51 Vergil, *Aeneis* 8, V. 317. Vgl. a. Juvenal, 6. *Satire*, V. 12.

52 R. Bernheimer, *Wild Men in the Middle Ages. A Study in Art, Sentiment and Demonology.* Cambridge/Mass. 1952, S. 103.

53 G. Cames, *Allégories et symboles dans l'Hortus Deliciarum.* Leiden 1971, S. 13ff.

54 Guillaume de Lorris/Jean de Meun, *Le Roman de la rose.* Hg. D. Poirion. Paris 1974; vgl. a. G. D. Economou, *The Goddess Natura in Medieval Literature.* Cambridge/Mass. 1972. Die Bilderzyklen zum Rosenroman hat erläutert A.

Kuhn, Die Illustration des Rosenromans, in: *Jahrbuch der Kunsthistorischen Sammlungen des Allerhöchsten Kaiserhauses* 31 (1913/1914), S. 1–66. Einen nennenswerten Einfluß auf das Werk Boschs scheinen sie allerdings nicht gehabt zu haben. Vgl. jetzt auch M. Modersohn, *Natura als Göttin im Mittelalter. Ikonographische Studien zu Darstellungen der personifizierten Natur*. Berlin 1997.

55 K. Wilson, *Wikked wyves and blythe bachelers. Secular Mysogamy from Juvenal to Chaucer*. Phil. Diss., Dept. of Comparative Literature, University of Illinois. Urbana 1980.

56 Guillaume de Lorris/Jean de Meun (wie Anm. 54), S. 243ff., V. 8353ff.

57 Ebd. bes. S. 517ff., V. 19505ff. (Die Rede des Genius).

58 Ebd. S. 520f., V. 19629ff.

59 Ebd. S. 307, V. 11003ff.

60 Ebd. S. 513, V. 19342ff.

61 Vgl. H. Schedel, *Weltchronik* (Nürnberg 1493). Nachdruck Dortmund 1978, fol. 9v u. 10r.

62 L. M. C. Randall, *Images in the Margins of Gothic Manuscripts*. Berkeley/Los Angeles 1966, Taf. CXI, Nr. 534–536; Gaignebet/Lajoux (wie Anm. 47), S. 202ff.

63 Bax (wie Anm. 34), S. 141.

64 H. Rey-Flaud, *Le charivari. Les rituels fondamentaux de la sexualité*. Paris 1985, S. 189.

65 Ebd. S. 209.

66 Bax (wie Anm. 34), S. 29.

67 *Albrecht Dürer 1471 bis 1528. Das gesamte graphische Werk*. Einleitung von W. Hütt. München 1971, Bd. 2, Nr. 1302.

68 Guillaume de Lorris/Jean de Meun (wie Anm. 54), S. 77ff., V. 1439ff.

69 *Scripturae Sacrae cursus completus*. Hg. J.-P. Migne. Paris 1839–1853, Bd. 5, Sp. 164ff.

70 Ch. Sterling, Une peinture certaine de Perréal enfin retrouvé, in: *L'Œil* (Juli/Aug. 1963), S. 2–15 und S. 64.

71 B. Obrist, *Les débuts de l'imagerie alchimique (XIVe–XVe siècle)*. Paris 1982, S. 33ff. Darin wird aufgezeigt, was von solchen Spekulationen zu halten ist. Das Buch stellt zugleich die erste ernstzunehmende Studie zur alchimistischen Ikonographie dar. Vgl. a. P. Vandenbroeck, Kommen die Adepten wieder? Über Bosch, Alchimie und esoterische Kunstwissenschaft, in: *Kunstchronik* 39 (1986), S. 477–481.

72 J. Wirth, Cranach reconsidéré, in: *Revue de l'art* 38 (1977), S. 83–89, bes. S. 89.

73 M. Luther, *Tischreden*, Weimar 1913, Bd. 2, S. 211, Nr. 1768; vgl. a. ebd. Bd. 3, S. 33f., Nr. 2862; Bd. 1, S. 574f., Nr. 1162.

74 Luther (wie Anm. 73), Bd. 2, S. 587ff., Nr. 2652.

75 Ebd. S. 107, Nr. 1472: »Christus adulter. Christus ist am ersten ein ebrecher geworden Joh. 4 bei dem brunn cum muliere, quia illi dicebant: Nemo significat, qui facit cum ea? Item cum Magdalena, item cum adultera Ioan. 8, die er so leicht davon lies.«

76 Rachfahl (wie Anm. 10), S. 96: »Gehet und predigt das Wort Christi lauter wie Luther«, soll er in Den Haag ausgesprochen haben, »und stoßt bei niemanden an; dann werdet Ihr auch über niemanden zu klagen brauchen.«

77 J. Wirth, Le dogme en image: Luther et l'iconographie, in: *Revue de l'art* 52 (1981), S. 9–23.

78 Schedel (wie Anm. 61), fol. 1v.

79 Pochat (wie Anm. 35).

80 Vgl. E. Panofsky, *Das Leben und die Kunst Albrecht Dürers*. München 1977, S. 113–117 und passim.

81 *Scripturae Sacrae cursus completus* (wie Anm. 69), Bd. 13, Sp. 1423 (zu Hiob 23,11).

82 H. Bächtold-Stäubli, *Handwörterbuch des deutschen Aberglaubens*. Berlin 1927–1942, Bd. 3, Sp. 243f. (s. v. »Fußtreten«).

83 D. Koepplin, *Cranachs Ehebildnis des Johannes Cuspinian von 1502. Seine christlich-humanistische Bedeutung*. (Diss. 1964), Basel 1973, S. 219ff.

84 Bax (wie Anm. 34), S. 208ff.

85 M. Lehrs, *Geschichte und kritischer Katalog des deutschen, niederländischen und französischen Kupferstichs im XV. Jahrhundert*. Wien 1908–1934, Bd. 8, S. 371f., Nr. 19.

86 Das hat auch P. Reuterswärd erkannt, vgl. ders., A New Clue to Bosch's Garden of Earthly Delights, in: Ders., *The Visible and Invisible in Art. Essays in the History of Art*. Wien 1991, S. 179–186.

87 Baltrušaitis (wie Anm. 30), S. 293ff.

88 H. C. Agrippa von Nettesheim, *Magische Werke*. Wien 1921, Bd. 1, S. 139–142.

89 J. Baltrušaitis, *Das phantastische Mittelalter. Antike und exotische Elemente der Kunst der Gotik*. Frankfurt am Main/Berlin/Wien 1985, S. 14f.

90 Ebd. S. 217ff., bes. S. 224f.

91 Vgl. die Studie von Tolnay (wie Anm. 1).

92 J. Huizinga, *Herbst des Mittelalters*. Zahlreiche Ausgaben, dt. u.a. Stuttgart 1987.

93 H. Schadt, *Die Darstellungen der Arbores Consanguinitatis und der Arbores Affinitatis. Bildschemata in juristischen Handschriften*. Tübingen 1982.

94 A. Chastel, La tentation de Saint Antoine ou le songe du mélancolique, in: Ders., *Fables, Formes, Figures*. Paris 1978, Bd. 1, S. 137–148; vgl. außerdem Wirth (wie Anm. 19).

Erklärung einiger Fachausdrücke

Zusammengestellt von Wolfgang Brückle
und Jürgen Müller

Altaraufsatz
Eine auf dem hinteren Teil des Altartisches aufgestellte Reliefwand, Bildtafel oder Leinwand. Nachweisbar seit dem 12. Jahrhundert, in der Umgangssprache oft fälschlich als Altar selbst identifiziert. Seit dem 14. Jahrhundert setzt sich die Form des Flügelaltars durch. Zuerst in Italien, dann in den Niederlanden kommt es dadurch zur Herausbildung des gemalten Triptychons, das an die Stelle des plastischen Altaraufsatzes rückt. Der Altaraufsatz diente der illustrativen Unterweisung und der ästhetischen Überhöhung des in der Liturgie gefeierten Heilsgeschehens.

Antiphonar
Seit dem 4. Jahrhundert gebräuchliches liturgisches Buch zum gottesdienstlichen Gebrauch. Es verzeichnet in Text und Noten entweder die von Sängern und Chor gesungenen Teile der Messe oder die Antiphone der Psalmen und der Wechselgesänge des kirchlichen Stundengebets.

Bestiarium
Ein Verzeichnis der dem Mittelalter, sei es aus unmittelbarer Anschauung, sei es aus Quellenexzerpten oder der Legende, bekannten Tierarten. Die Bestiarien kolportierten über Jahrhunderte hinweg pseudowissenschaftliche Erkenntnisse über die Lebensgewohnheiten und Charaktere von Tieren, die zum Teil reine Fabelwesen waren.

Diptychon / Triptychon / Polyptychon
Ursprünglich die zwei-, drei- oder vielflügeligen Bildtafeln, die seit der Spätantike, kleinformatig zusammengeheftet, als Untergrund für das Schreiben in Wachs dienten. Sie werden erst in der byzantinischen Kunst für die Ikonenmalerei übernommen und bilden die Vorgänger der großen geflügelten Altaraufsätze des späten Mittelalters. Zu deren Bezeichnung dienen die gleichen Begriffe.

Drolerie
Der Bereich scherzhafter, oft grotesk und satirisch verzerrender figürlicher Darstellungen fast des gesamten Mittelalters. Die Drolerie entwickelt sich seit der karolingischen Kunst in der Skulptur und Malerei gleichermaßen und führt vor allem in den Randzonen der Kunst (Marginalien und Initialen von Handschriften, Kapitelle und Konsolen in der Architektur) zur Bevölkerung mit kuriosen Szenen, wird aber besonders im nördlichen Europa des späten Mittelalters zu einer beliebten Form der Handschriftenillustration. Die Themen reichen von der simplen Komik phantastischer Gestalten bis zu obszönen Szenen, die sich auch in Begleitung christlicher Texte finden. Moralische Funktionen treten dabei ebenso auf wie willentliche Kontraste zum Ernst des jeweiligen Umfeldes.

Einhorn
Weißes pferdeähnliches Fabeltier mit einem Horn auf der Stirn. Seit der Antike war man von seinem Vorkommen in der Natur überzeugt. Der mittelalterlichen Vorstellung gemäß ließ es sich nur fangen, wenn es seinen Kopf in den Schoß einer Jungfrau legte. In der theologi-

schen Auslegung wurde es deshalb zum Sinnbild für die Menschwerdung Christi im Schoß der Maria.

Gregorianische Reform
Die nach Papst Gregor VII. (1073–1085) benannte Reformbewegung aus dem 11./12.Jahrhundert wandte sich zunächst gegen den Handel mit kirchlichen Ämtern (Simonie) und die weithin übliche Priesterehe. Das Ziel der Reform war es, Priester- und Laienstand deutlicher zu trennen und durch eine striktere kirchliche Hierarchie die Macht des Papstes innerhalb der Kirche zu stärken. Vor allem wurde die Vergabe kirchlicher Ämter dem weltlichen Herrschaftsbereich entzogen und dem Papst unterstellt. Ebenso beseitigte man die Rechte des Kaisers bei der Papstwahl und bei der Einberufung von Konzilen. Insgesamt zielte die Reform darauf ab, die geistliche und weltliche Gewalt stärker voneinander abzugrenzen, um den geistlichen Führungsanspruch des Papstes sicherzustellen.

Grisaille
Eine monochrome Malerei, die sich ganz auf Graustufen beschränkt und ihren Reiz aus der feinen Abstufung von Tonwerten bezieht. Ihre in der Buchillustration und Tafelmalerei seit dem Beginn des 14. Jahrhunderts zunehmende Popularität läßt verschiedene Schlüsse zu: Ein Wetteifern mit den ästhetischen Reizen der Skulptur, eine Bescheidenheitsformel gegenüber den im Mittelalter teuren Farbmaterialien und die schiere künstlerische Bravour kommen als Deutungen in Frage. Vor allem in der niederländischen Malerei des 15. Jahrhunderts kommt an den Außenseiten der Altarflügel viel-

fach Grisaillemalerei zur Kennzeichnung der dem geöffneten Zustand untergeordneten Werktagsseite zum Einsatz. So diente die Grisaillemalerei dazu, die glänzende Festtagsseite des Altars während der Fastenzeit zu verbergen.

Ikonographie
Bestimmung von Themen, Motiven und Inhalten bildlicher Darstellungen im allgemeinen und insbesondere der bildenden Kunst. Innerhalb der Kunstwissenschaft stellt sie diejenige Methode dar, der es um die Bestimmung der Herkunft, Vermittlung und Bedeutung künstlerisch dargestellter Gegenstände geht.

Kolophon
Schluß eines Schriftstücks, in dem über Verfasser, Titel, Schreiber oder Drucker, Erstellungs- oder Publikationsort und Entstehungs- oder Erscheinungsjahr Auskunft gegeben wird. Auch Vermerke über Auftraggeber, Besitzer oder Besonderheiten des Manuskriptes oder Buches können hinzutreten.

Miserikordie
An der Rückseite der Sitzflächen mittelalterlicher Chorgestühle angebrachte Konsole, die während der langen Chordienste als Stehhilfe diente. Spätestens mit dem 14. Jahrhundert ist diese Ausstattung in ganz Westeuropa verbreitet. Die Miserikordien sind häufig mit figürlichem Schmuck versehen worden, wobei Darstellungen frommer Verrichtungen der Mönche mit Darstellungen von Lastern und obszönen Motiven abwechseln. Ob die kuriosen Bereicherungen der kirchlichen Möbel zur Ermahnung des Benutzers oder dem puren Schalk dienten, ist nicht pauschal zu klären.

Sieben Sakramente

Geheiligte Institutionen des katholischen Glaubens, die unter Einwirkung des Heiligen Geistes zustande kommen: Taufe, Firmung, Eucharistie, Beichte, Letzte Ölung, Priesterweihe, Ehe. Seit dem 12. Jahrhundert ist die Siebenzahl nachweisbar, doch wird sie erst 1439 auf dem Konzil von Basel verbindlich festgelegt. Die lutherische Kirche hingegen beschränkt sich auf Taufe, Eucharistie und Beichte.

Substanz/Akzidenz

Seit Aristoteles und bis in die Spätscholastik hinein bildet die Substanz den Fundamentalbegriff der Ontologie zur Bestimmung des Seins des Seienden. Substanz ist das, was ein jedes in sich und für sich selbst ist, das im Wechsel der Erscheinungen notwendig Beharrende, das im Gegensatz zu den zufälligen Akzidenzien ohne Verweis auf den Träger definiert werden kann.

Tridentinum

Konzil von Trient, das von 1547 bis 1563 mit Unterbrechungen vorwiegend an diesem Ort tagte. Es ging unter anderem aus den Appellen von lutherischen Reformern an ein Konzil als oberste Gerichtsinstanz hervor. Die in Trient beschlossenen Reformen sind für die Bilderlehre der katholischen Kirche von großer Wichtigkeit, denn dort wurde in Auseinandersetzung mit der protestantischen Kritik an der herrschenden Praxis des Kirchenschmucks die Funktion und die ideale Erscheinung christlicher Kunst ausführlich präzisiert und für verbindlich erklärt.

Vesperbild

Plastisches oder gemaltes Bild der trauernden Muttergottes mit dem toten Christus, der vor ihr auf den Boden oder in ihren Schoß gebettet ist. Im deutschen Sprachraum auch Vesperbild genannt, da im Stundengebet die Passionsandacht in die abendliche Vesperstunde fällt. Im späten Mittelalter wird unter Einwirkung der privaten Frömmigkeit und des Interesses an drastischen Motiven das Vesperbild zu einem besonders erfolgreichen ikonographischen Thema. Es bietet der dramatischen Umsetzung von Tod und Erlösung reiche Entfaltung und erleichtert der Meditation dadurch die seelische Anteilnahme am Passionsgeschehen.

Zölibat

Allen Priestern der katholischen Kirche vorgeschriebene Ehelosigkeit, die sich allerdings erst im Verlauf des Mittelalters als verbindlich durchsetzt.

Lebensdaten zu Hieronymus Bosch

1453 2. Oktober Vermutetes Datum der Geburt von Hieronymus van Aken, genannt Bosch, in 's-Hertogenbosch, Sohn des Malers Anthonis van Aken, seinerseits Sohn des Malermeisters Jan van Aken.

1474 Erwähnung von Anthonis van Aken und seinem Sohn Hieronymus, der mit ihm zusammenarbeitet.

1480/1481 Hieronymus Bosch erwirbt die Flügel des alten Altars der Bruderschaft Unserer Lieben Frau zu 's-Hertogenbosch. In den Dokumenten wird er als »Jeroen die maelre« erwähnt, was darauf schließen läßt, daß er zu jener Zeit Meister ist. Neue Flügel malt er zwischen 1488/1489 und 1491/1492.

1481 15. Juni Als Ehemann von Aleyt, der Tochter des Goyart van der Mervenne, alias Brant, erwähnt. Durch die Eheschließung mit dieser Tochter aus einer reichen Patrizierfamilie erlangt Bosch, der nun erhebliche Steuern zahlt, materielle Unabhängigkeit.

1482–1498 Im Namen seiner Frau tätigt Bosch finanzielle Transaktionen.

1486/1487 Bosch wird Mitglied der Bruderschaft Unserer Lieben Frau zu 's-Hertogenbosch.

1493/1494 Entwurf für ein Glasfenster der Kapelle der Bruderschaft Unserer Lieben Frau.

1503/1504 Die Bruderschaft Unserer Lieben Frau bezahlt an die »knechten schilder« von Bosch für die Ausführung dreier Banner, was bezeugt, daß der Maler zu dieser Zeit ein eigenes Atelier besaß.

1504 Von Philipp dem Schönen erhält Bosch 36 Pfund für ein in Auftrag gegebenes Gemälde des Jüngsten Gerichts.

1508/1509 Bosch berät die Prioren der Bruderschaft Unserer Lieben Frau, zweifellos hinsichtlich der Farbwahl für den Hauptaltar.

1516 Tod von Hieronymus Bosch. Totenmesse in 's-Hertogenbosch am 9. August.

Werke von Hieronymus Bosch in europäischen Sammlungen

Berlin, Staatliche Museen Preußischer Kulturbesitz, Gemäldegalerie
Johannes auf Patmos

Brügge, Musée Communal des Beaux-Arts
Das Jüngste Gericht, Triptychon

Brüssel, Musées Royaux des Beaux-Arts
Die Kreuzigung

Frankfurt am Main, Städelsches Kunstinstitut
Ecce homo

Gent, Musée des Beaux-Arts
Die Kreuztragung
Der hl. Hieronymus im Gebet

Lissabon, Museu Nacional de Arte Antiga
Die Versuchung des hl. Antonius, Triptychon

London, National Gallery
Die Dornenkrönung

Madrid, El Escorial
Die Dornenkrönung

Madrid, Museo Lázaro Galdiano
Johannes der Täufer in der Wüste

Madrid, Museo del Prado
Der Heuwagen, Triptychon
Der Garten der Lüste, Triptychon
Die sieben Todsünden
Die Anbetung der Heiligen Drei Könige, Triptychon

Madrid, Palazzo Real
Die Kreuztragung

Paris, Musée du Louvre
Das Narrenschiff

Rotterdam, Museum Boymans-van Beuningen
Die Hölle – Die Sintflut, Triptychonfragmente
Der hl. Christophorus
Der Landstreicher (Der Verlorene Sohn)

Venedig, Palazzo Ducale
Das Einsiedlertriptychon
Julia von Korsika am Kreuz, Triptychon
Das Paradies – Die Hölle

Wien, Akademie der bildenden Künste
Das Jüngste Gericht, Triptychon

Wien, Kunsthistorisches Museum
Die Kreuztragung

Ausgewählte Literatur

Baltrušaitis, J., *Das phantastische Mittelalter. Antike und exotische Elemente der Kunst der Gotik*. Frankfurt am Main/Berlin/Wien 1985.

Bax, D., *Hieronymus Bosch, his picture-writing deciphered*. Rotterdam 1979.

Friedländer, M. J./Cinotti, M., *Tout l'œuvre peint de Jérôme Bosch*. Paris 1967.

Gombrich, E. H., Hieronymus Bosch: Wie es zu der Zeit Noahs war, in: Ders., *Die Entdeckung des Sichtbaren. Zur Kunst der Renaissance III*. Stuttgart 1987, S. 105–113.

Marijnissen, R. H./Ruyffelaere, P., *Hieronymus Bosch. Das vollständige Werk*. Weinheim 1988.

Rowlands, J., *The Garden of Earthly Delights. Hieronymus Bosch*. Oxford 1979.

Snyder, J. (Hg.), *Bosch in Perspective*. Englewood Cliffs (New Jersey) 1973.

Tolnay, Ch. de, *Hieronymus Bosch*. Baden-Baden 1965.

Abbildungsnachweis

Bremen, Universitätsbibliothek 16 (© Dr. Ludwig Reichert Verlag Wiesbaden)
Ferrara, Musei Civici di Arte Antica, Palazzo Schifanoia 19
Frankfurt am Main, Städelsches Kunstinstitut 8, 26, 28, 30
Gotha, Schloßmuseum 25
Madrid, Museo del Prado Umschlagvorderseite, 1, 3–6, 9–15, 17, 20, 21, 27, 29, 31-33, Falttafel, Umschlagrückseite (Copyright © Museo del Prado – Madrid – Derechos reservados. Prohibida la reproduccion total o parcial)
München, Bayerische Staatsbibliothek 22
New York, The Pierpont Morgan Library. MS G. 24, f. 70 (Det.) 18
Oslo, Nasjonalgalleriet 24 (Foto: J. Lathion, © Nasjonalgalleriet 1999)
Paris, École nationale supérieure des beaux-arts 23 (Photographie Bridgeman-Giraudon)
Tournai, Bibliothèque du Séminaire 7 (copyright IRPA-KIK, Bruxelles)
Venedig, Palazzo Ducale 2
Wien, Gemäldegalerie der Akademie der bildenden Künste 34